KB120395

나의 행복을 절대 남에게 맡기지 마라

나의 행복을 절대 남에게 맡기지 마라

초 판 1쇄 2020년 08월 11일

지은이 문수빈
펴낸이 류종렬

펴낸곳 미다스북스
총괄실장 명상완
책임편집 이다경
책임진행 박새연 김가영 신은서 임종익
본문교정 최은혜 강윤희 정은희 정필례

등록 2001년 3월 21일 제2001-000040호
주소 서울시 마포구 양화로 133 서교타워 711호
전화 02) 322-7802~3
팩스 02) 6007-1845
블로그 http://blog.naver.com/midasbooks
전자주소 midasbooks@hanmail.net
페이스북 https://www.facebook.com/midasbooks425

© 문수빈, 미다스북스 2020, *Printed in Korea*.

ISBN 978-89-6637-830-2 03190

값 **15,000원**

미다스북스는 다음세대에게 필요한 지혜와 교양을 생각합니다.

나의 행복을 절대 남에게 맡기지 마라

누구의 삶도 완벽하지 않다 정답은 나다운 삶을 사는 것이다

미다스북스

나는 나의 도전을 응원한다

오늘은 잠들지 못한 채 새벽 5시 반이 되었습니다. 제가 작가가 된다는 벅찬 마음에 잠을 이룰 수가 없습니다. 미다스북스 명상완 실장님께서 원고를 보고 직접 전화를 주셔서 미다스북스와 출판 계약을 하고, 나의 책이 지금 이렇게 세상에 나오게 되었습니다.

오늘은 돌아가신 엄마, 아버지 생각이 많이 납니다. 아버지는 85세라는 나이까지 25년 동안 엄마의 도움도 없이 혼자 외로운 인생을 사셨습니다. 엄마는 16세에 부산에서 함양 산청의 가난한 농부에게 시집을 와서 딸 다섯, 아들 셋을 낳고 키우시다가 간암 말기 선고를 받았습니다. 그러다가 제 결혼식이 끝나고 3개월 후, 신혼집에도 와보시지 못하고 지금의 제 나이인 55세에 돌아가셨습니다. 나의 책 제목처럼 '나의 행복을 절대 남에게 맡기지 마라.'는 마음으로 엄마는 8남매를 강하고 자유롭게 키우셨습니다. 새벽마다 이웃집에 자식들 준비물 살 돈을 빌리러 다닌 엄마의 바쁜 발걸음을 압니다. 초등학교, 중학교, 고등학교 육성회비의 독촉으로 엄마는 또 새벽에 이웃에 돈을 빌리러 나갑니다. 평생 돈에 쪼들리며 살아온 가여운 엄마가 그리워지는 날입니다.

동사무소에서 연락이 왔습니다. 기초수급자 신청을 하라는 내용이었습니다. 하지만 엄마는 8남매의 기를 꺾고 싶지 않아, 없는 살림에 끝까지 기초수급자 신청을 하지 않았습니다. 하지만 주식 투자 실패로 20년을 가난 속에 헤매며 살았던 내가 기초수급자로 살아보았습니다. 엄마와 아버지는 자신의 행복을 절대 남에게 의지하지도, 맡기지도 않는 강인한 정신의 소유자였기에 8남매는 그 누구보다 근면하고 성실한 사람으로 인생을 살아가고 있습니다.

힘든 현실 속에서 지금 내가 무엇을 해야 할 것인가를 먼저 생각하는 긍정적인 마인드를 엄마, 아버지께 배웠습니다. 평생 자신을 한 번도 돌아보지 못하고 변변한 옷 한 번 사서 입어 보시지도, 여행 한 번 제대로 해보지 못한 가여운 우리 엄마, 아버지가 보고 싶습니다. 앞니 빠진 엄마의 여원 모습이 생각이 나고, 아버지의 주검 앞에 오열하던 나의 모습이 오늘 문득 떠오릅니다. 나는 그때 싸늘하게 식은 아버지의 얼굴을 감싸 안고 하염없이 눈물을 흘렸습니다. 자식들에게 발길질하고, 상처 주었던 아버지가 미워서 도망치듯 시집을 갔던 철없던 때가 떠오르고, 살아 계실 때 효도를 다하지 못해 죄송한 마음을 가눌 길이 없어 눈물만 흘렸습니다. 하지만 돌아가신 지금은 평생 8남매를 위해 분주하게, 부지런히 살아주신 아버지의 은혜에 감사의 눈물을 흘립니다. 지금 내 곁에 엄마, 아버지가 계신다면 나만큼 기뻐하셨을 것입니다. 마산여상 야간고등학교를 다니면서 3년 동안 마산에서 진해로 11시 막차를 타고 온 나를 단 하루도 빠짐없이 마중 나와준 엄마의 사랑이 그립습니다. 고등학교 3년의 노력으로 경남은행 취업 합격 통지를 받던 그날보다 오늘이 더 심장이 떨리고 가슴 벅찹니다. 나는 나의 무한한 도전을 응원합니다.

2019년 9월 21일의 교통사고는 유튜버 김도사님을 만나게 하시려는 하나님의 준비된 계획이었음을 알게 되었고, 2020년 4월 7일의 교통사고는 작가로 인생을 바꾸는 신호탄임을 깨닫게 되었습니다.

2번의 교통사고로 6개월간 돈을 벌지 못해 마음이 답답하고 결제해야 할 고지서로 가슴이 짓눌려 사고를 낸 사람을 원망했으나, 불행은 불행을 과장한 행복의 여신이었음을 책 출간으로 깨닫게 되었습니다. 불행은 7가지의 행운과 같이 내게 다가온다는 삶의 원리를 55년을 살다 보니 알게 되었습니다.

고등학교 입학 당시 오빠의 사업 실패로 나는 마산여상 야간고등학교에 입학하게 되었고, 3년 동안 피나는 노력으로 경남은행에 입사하여 15년을 근무할 수 있었고, 고등학교 국어 교사를 만나 결혼해서 딸을 낳았고, 내 명의로 된 아파트를 살 수 있었습니다. 주식 투자에 실패해서 20년 동안 가난에 허덕이며 긴 터널을 지나왔고, 다시 도전하는 정신으로 쌍용자동차 영업 3년, 상가 분양 영업 3년, 컨트리 캐디로 12년을 근무해 5억 원을 벌었고, 딸의 대학 등록금을 낼 수 있었습니다. 나는 8년 동안 딸을 공부시키기 위해 2시간 이상 잠을 자본 적이 없습니다. 1년에 5일, 엄마 제사에 맞춰 가족들이 모일 때, 그때 휴가를 냈습니다. 비가 와도 눈이 와도 쉬지 않고 일을 했습니다. 사람은 목표와 목적이 있으면 못 할 것이 없습니다. 피곤하고 고단한 몸도 꿈이 있고 목표가 있으면 참아낼 수 있고 견뎌낼 수 있습니다. 실패는 실패의 얼굴을 하고 있는 듯합니다. 하지만 실패는 성공의 얼굴과 같습니다. 내가 지금껏 겪은 정신적, 경제적 고통은 내 속의 5가지 달란트를 꺼내어 도전하는 삶을 사는 계기가 되었고, 작가가 되는 발판이 되었습니다.

　　나는 주식 투자 실패로 여러 번 인생을 포기하고 싶었습니다. 하지만 딸이 있었기에 마음을 다잡고 하루하루 긴 어둠의 터널을 견뎌냈습니다. 벼랑 끝에 서서 나를 포기하고 싶었지만 이대로 주저앉을 수는 없었습니다. 딸이 있기에 다시 일어나야만 했습니다. 내가 만든 틀을 깨고 다시 새로운 나로 태어나야만 했습니다. 자신의 꿈을 위해 도전하고, 또 도전해야만 했습니다. 절망 속에서 삶의 끈을 놓지 않고 처절하게 살아가야만 했습니다.

나는 항상 어려운 현실에서 '지금 당장 무엇을 해야 할 것인가?'를 먼저 생각하게 되었습니다. 그것을 통해 어려운 현실을 잊고 미래의 나의 모습을 상상하고 뚜렷하게 그리며, 상상의 힘으로 내 생각이 현실이 됨을, 우주는 나의 소망대로 종이에 적은 꿈과 미래를 만들어준다는 것을 깨닫게 되었습니다. 나는 마산여상 야간고등학교를 다니면서 진해조선소 급사 생활을 했었습니다. 진해에서 마산 가는 버스 속 2시간을 귀하게 생각하며 공부해서 반장으로, 전교 7등으로 졸업해서 경남은행에 입사할 수 있었습니다. 현재의 내 상황은 내 미래가 아닙니다. 내 마음속에 화려한 내 꿈들을 걸어놓으면, 내가 갈망하던 그것을 가지게 되고 이루게 됩니다. 우리는 현재가 아닌 미래의 나의 행복을 위해 오늘을 살아가는 것입니다. 내가 원하는 것은 하나님께서 준비하신 계획이고 미래입니다. 그것을 믿고 포기하지 않는다면 모든 것을 이루는 삶을 선물로 받게 됩니다. 나의 행복을 결코 남에게 맡기지 말아야 합니다. 남이 나의 단 한 번뿐인 인생을 대신 살아줄 수도 없고, 살 수도 없는 것입니다. 내가 주인이고, 내가 이 세상의 중심입니다. 인생의 주인공은 바로 나입니다. 인생이라는 무대에서 스포트라이트를 받고 있는 것입니다. 남을 위해 살아갈 필요도 없습니다. 남에게 보여줄 필요도 없습니다. 내 인생을 살기에도 시간은 부족합니다. 하루하루 귀한 내 시간들을 아끼며, 돈보다 귀한 것이 시간임을 명심해야 합니다. 자, 이제 우리의 새로운 인생이 시작되었습니다! 단 한 사람이라도 이 책을 읽고 용기를 내어 살아갈 수 있다면, 그 사람의 인생을 바꿀 수 있다면 나는 사명을 다한 것입니다.

미다스북스와의 출간 계약으로 잠을 자지 못했습니다. 앉아 밤을 새우다가 잠시 눈을 감았을 때 꿈에 엄마, 아버지가 나타나셨습니다. 엄마, 아버지는 내가 작가가 되었다는 것을 다 알고 내게 오신 것입니다. 많이 기뻐하셨을 엄마, 아버지를 생각하니 절로 눈물이 납니다. 얼마나 기쁘셨을까요? 54년 살아낸 내가 대견하다고 머리를 쓰다듬어주셨을 것입니다. 엄마, 아버지의 기구한 인생만큼 엄마, 아버지가 생전에 해보시지 못한 일들, 내가 대신 하면서 살아가야 한다는 무거움을 느낍니다. 엄마, 아버지께 인사 올립니다. 엄마! 아버지! 낳으시고 키워주셔서 감사합니다! 많이 사랑합니다!

과거의 어려웠던 생활에서 벗어나나 자신의 틀을 깨고 세상을 바라보는 관점을 바꾸어 비참한 현실을 이겨내고 책을 써서 작가가 되었고, 1인 창업가가 되어 젊은이들에게 희망과 꿈, 야망을 심어주는 메신저가 되었습니다. 인생은 단 한 번뿐입니다! 그러므로 내가 가장 심장 떨리는 삶을 지금 살아야 합니다. '오늘 무엇을 할 것인가?'를 진지하게 고민해야 합니다. 내 행복은 내 것이니까 나의 행복을 절대 남에게 맡기지 말아야 합니다.

인생을 바꿔주신 〈한국책쓰기1인창업코칭협회〉 김도사님, 권마담 대표님, 포민정 코치님, 정인교 소장님, 권미래 코치님, 김이슬 코치님, 안명숙 코치님, 김서진 코치님, 그래 코치님, 미다스북스 명상완 실장님, 마산여상 정중규 선생님, 박정규 선생님, 허영 선생님, 윤영자 선생님, 진해조선소 고 최창무 사장님, 경남은행 송국헌 전 감사님, 경남은행 이춘영 전 행장님, 경남은행 김형영 전 행장님, 컨트리클럽 배영환 사장님, 김영판 이사님, 홍상표 차장님, 조재규 팀장님, 서영란 마스터님, 권점이 엄마, 할매 곰탕 엄마, 친구 지은영, 신순정, 노연화, 김영미, 김미영, 동생 조정희, 박해경 그리고 신일주 올케언니, 8남매 가족들, 딸 유나, 엄마 김수희, 아버지 문정칙, 나를 도와주신 은인들에게 이 책을 바칩니다.

2020년 8월
문수빈 올림

1장

지금 하지 않으면 언제 하겠는가

2장

혼자서도 당당히 설 수 있는 사람이 되라

3장

더 큰 세상을 바라보고 도전한다

4장

나의 행복을 절대 남에게 맡기지 마라

에필로그

진짜 인생 공부 · 289

1 장

지금 하지 않으면 언제 하겠는가

어떻게 살아갈 것인가?

성공해서 책을 쓰는 게 아니라
책을 써야 성공한다!

- 〈한책협〉 구세주 김도사 -

사람들은 누구나 행복하기를 바란다. 행복을 생각하는 것도 사람마다 제각각이다. 사람들은 생김새가 다르고, 자라온 환경이 달라 생각하는 행복의 기준이 다 다르다. 어떤 사람은 행복의 정의를 돈에 둘 수도 있고, 사회적 지위에 행복의 기준을 두는 사람도 있을 것이다. 건강하지 않은 사람은 건강에 둘 것이고, 가족과의 화목을 행복의 기준으로 삼을 수도 있다.

당장 먹고살기가 바쁘고, 딸 공부시키기 바쁘다 보니 행복이라는 감정을 잊고 살았었다. 내게 '언제가 가장 행복하였나?'라고 묻는다면 망설임

없이 딸과 다녀온 여행이라고 말하고 싶다. 4년 전 한 달 동안 휴가를 내서 다녀온 베트남, 태국, 제주도 여행은 우리 모녀를 단단한 끈으로 엮어주었다. 행복한 순간이었다. 나의 버킷리스트 중 하나가 딸과 세계 일주를 하는 것이다. 그동안 고생시킨 딸에 대한 미안한 마음이 조금은 가벼워진 느낌이 들었다.

생각해보면 나도 어느 정도는 행복한 때가 있었다. 8년이라는 결혼 생활 동안 그런대로 행복했다는 생각이 든다. 학교 선생인 남편과 은행원인 나는 별 경제적 어려움 없이 살아왔다. 딸을 낳기 1주일 전까지 일하고, 두 달을 육아휴직을 냈다. 경남은행 15년을 다니는 동안 여름휴가 5일과 육아휴직 2개월이 휴가의 전부다. 육아휴직이 끝나고 시골에 계신 시부모님께서 딸을 4살까지 키워주셨다. 그러고 보면 여행이라곤 결혼 후 단 한 번 부부동반으로 진주에 있는 친구 집에 놀러간 것이 전부다. 주말마다 딸을 보기 위해 시골에 가는 것이 우리의 행복이었다. 1주일에 한 번 안부 전화를 걸어 딸의 목소리를 들었다. 아무 말 하지 않고 내 말만 듣고 있어도 좋았다. 그것이 천륜이 아닌가 생각한다. 좋아도 좋은 티를 많이 내지 못했다. 헹가래를 해주고 싶어도 부모님의 눈치가 보였다. 어른들 앞에서 감정을 너무 드러내는 것이 조심스러웠다.

누구나 삶의 목적이 있다. 그 궁극적인 목표는 행복에 있다. 내가 행복하고, 가족이 행복한 삶이란 무엇일까? 그것을 알려면 내 마음과 긴 대화시간이 필요하다. 한 번 주어진 인생을 행복하게 살아가기 위해서는 스스로 내 행복에 책임을 져야 한다. 행복은 남이 나에게 가져다주는 것이 아니므로 내가 내 행복을 위해 고민하고, 어떻게 살아갈 것인가를 고민해야 한다. 부로 행복을 느낀다면 돈이 나에게 굴러 들어오게 하려고 어떤 노력을 해야 하는가를 고민해봐야 할 것이고, 사회적 직위에 목표를 둔다면 누구보다 더 부지런히 승진을 위해 목숨을 걸어야 할 것이다. 건강을 원한다면 나와 가족을 위해 건강에 관한 공부를 하며 건강한 몸을 유지하게 될 것이다. 가족과의 화목에 행복의 기준을 둔다면 가족원들의 바람을 항상 헤아리고 독려하고 보조하면서 가족의 행복을 위해 자신의 위치를 성실히 수행해나가야 할 것이다.

우리가 이 세상을 살아가는 이유는 행복하기 위해서이다. 우리는 원하는 인생을 위해서 지금 어떻게 살아갈 것인가를 고민해야 한다. 나는 가장 심장이 떨리는 인생을, 행복한 인생을 살기 위해 항상 고민했다. 내 행복을 남에게 맡기지 않고 내 삶의 주인으로서 살아가기를 열망하며 살아왔다. 나는 내 행복을 찾기 위해 항상 책을 끼고 살았다. 한 줄의 글로, 한마디의 말로, 한 사람의 만남으로 사람의 인생이 바뀔 수 있다는 것을 누구보다 잘 아는 나는 책의 소중함을 잘 알고 있다. 책은 마르지 않는 옹달샘처럼 내 마음을 풍요롭게 해주고 현실의 어려운 상황보다 미래를 보고 살아가는 꿈을 선사해준다. 어떨 때는 책만 읽고 살고 싶을 때도 있었다. 가끔 이런 생각도 했었다. '우리 딸은 돈을 벌지 않고 인생을 살아가게 해줘야지.' 그게 내 꿈이자 희망이기도 하다.

나의 행복을 위해서는 남에게 내 행복을 저당 잡히지 말아야 한다. 내 행복은 내가 지켜내야 한다. 자신의 행복한 삶을 위해서는 돈의 노예가 되어서는 안 된다.

나는 33살에 잘못된 선택으로 주식 투자를 해서 퇴직금 1억과 아파트를 날려 20년 세월을 딸과 가난 속에 허덕이며 살아왔다. 하지만 그것이 55세의 내가 작가로, 1인 창업가로 살아갈 수 있는 계기가 되었는지도 모른다. 불행은 또 다른 얼굴을 한 행운의 여신이라는 것을 지금에야 알게 되었다.

내 심장이 떨리는 삶이란 내 꿈과 미래가 그 속에 담겨 있기 때문이다. 내가 원하는 삶을 살아가는 것만큼 소중한 것은 없다. 행복을 뒤로 미룰 사람은 단 한 명도 없다. 지금 내가 하고 싶은 것, 내가 꿈꾸는 미래를 위해 준비하고, 도전하고, 계획하고, 조금씩 하루하루 내가 할 수 있는 작은 일이라도 실행해나가는 것이 내 행복을 찾아 떠나는 첫걸음이 아닐까 싶다. 우리는 행복이라는 무지개를 찾아 멀리 떠난다. 항상 멀리 떠나야 찾을 수 있다고 착각한다. 하지만 행복의 파랑새는 항상 내 마음속에 있다. 행복은 내 건강에 있고, 내 가족에게 있고, 내가 서 있는 곳에 나와 함께하고 있는 것이다. 멀리서 행복을 찾으려 하지 마라! 현실에 감사하며 살아가다 보면 행복이라는 선물은 자동으로 내게 배달된다. 행복을 뒤로 미루지 마라! 지금 행복하지 않으면 대체 언제 행복해진단 말인가? 우리가 어떻게 살아가야 할 것인가는 여기에 답이 있다. 행복은 멀리 있지 않다. 바로 내 마음속에 있는 것이다.

남편과 나는 3번 만나 결혼했다. 서로 결혼할 시기가 되었고, 직업이 있고, 그다지 나쁜 사람이 아니라는 막연한 생각으로 별 고민 없이 결혼을 했다. 시골 사람이라 순박하고 국어 선생님이다 보니 손 편지를 써서 보내주기도 했다. 손가락이 예쁘고, 글씨체도 명필에 편지 내용도 아름다웠다. 8년 정도 사는 동안 부부 싸움 한 번 한 적 없이 이혼한 부부는 우리밖에 없을 것이다. 딸을 키우기 위해 4년을 시댁에서 주말을 보내고, 4년 겨우 결혼 생활을 한 셈이다. 남편은 부지런해서 시골의 복숭아 농사, 감 농사, 논밭일을 도맡아 했다. 농부의 아들로서 손색이 없었다. 시부모님과의 소소한 행복은 30년이 지난 지금에도 감사하다. 벌써 돌아가시어 딸이 29살이 되고, 내가 55살이 되어도 은혜를 갚지 못했다. 남편은 자신의 행복을 찾아 떠난 지 20년이 되었다. 이혼 후 단 한 번도 만난 적이 없다. 나와의 인연은 끝이 났지만, 딸을 단 한 번도 찾지 않은 것은 아직 이해할 수 없는 부분이다. 그는 과연 행복을 찾았을까? 아직도 행복할까? 그것은 그 사람만이 알고 있다.

나의 행복을 남에게 맡길 필요는 없다. 내 인생, 한 번뿐인 내 인생의 행복의 주인은 내가 되어야 한다. 한 번뿐인 내 인생을 어떻게 행복하게 살아갈 것인가는 남에게 물어볼 필요가 없다. 내 가슴속에 물어보면 답을 구할 수 있다. 내가 지금 당장하고 싶은 것, 가고 싶은 곳, 갖고 싶은 것, 먹고 싶은 것, 만나고 싶은 사람을 나 자신에게 물어보아야 한다.

내 인생은 그 누구의 것이 아닌 내 것이기 때문이다. 우리는 우리의 인생의 행복을 위해 떠나는 인생여행을 하고 있다. 거의 80년의 세월 동안의 행복여행이라고 생각한다. 돈에 행복을 저당 잡히지 않는 삶을 살아가는 것이 내가 이 책을 쓰는 이유다. 나는 돈으로 인해 20년을 행복을 뒤로한 채 살아왔다. 당장 눈앞의 현실을 해결해야 하고, 당장 눈앞의 땟거리를 걱정해야 하는 삶을 살아왔다.

그러나 이제 우리는 돈에 행복을 저당 잡혀 행복을 잊은 채, 행복을 느껴보지도 못한 채 삶을 마감하지 않도록 나를 돌아보는 시간을 가져야 한다. 내 삶은 오직 내 것이므로 나의 행복을 남에게 절대 맡겨서는 안 된다.

나는 딸과 같이 세계 일주를 하기 위해 〈권마담TV〉 크루즈 멤버십에 등록했다.

저렴하게 여행을 할 수 있다고 한다. 화려한 선상에서 맛있는 음식과 공연도 볼 수 있다. 광활한 바다 위를 달린다 생각하니 꿈을 꾸는 것만 같다. 딸과 함께 돈을 모아 올해 여행을 떠날 계획이다. 이게 행복이 아니고 무엇인가? 딸과 함께 여행할 수 있어 감사하고 건강하게 잘 커주어 너무 감사하다. 나는 지금 내 인생의 가장 행복한 선상에 서 있다.

$$2$$

누구의 삶도 완벽하지 않다

나에게 주어진 유일한 과업은 위대한 생각의 힘으로
꿈꾸었던 인생을 사는 것이다.

-《기적수업》구세주 김도사 -

돌이켜보면 나도 삶이 참 평탄하지 못했던 사람 중에 한 사람이다. 누구나 많은 시련과 역경 속에서 인생이라는 여행열차를 타고 끝없이 살아가고 있는 것인지도 모른다.

고등학교 입학시험을 앞두고 8남매 중 맏이인 오빠가 벽돌을 만드는 브로크 사업을 시작했다. 시멘트로 벽돌을 만드는 사업에 뛰어들었다가 경험 부족으로 사업이 망해 많은 빚을 떠안게 되었다. 하지만 55세가 된 지금 돌이켜보면, 오빠의 사업 실패가 나의 운명을 뒤바꿔놓은 계기가 된 것인지도 모른다.

8남매 중 나와 중국에 13년째 살고 있는 동생만 야간고등학교를 나왔다. 고등학교 시험을 앞둔 중3인 나는 엄청난 긴장감 속에 하루하루를 살았다. 초등학교, 중학교를 다니면서 반에서 18등을 넘지 못했던 나는 고등학교 입시시험에 대한 중압감 때문에 귀에서 윙~ 하는 소리가 떠나지 않았다. 긴장감을 해소하기 위해 크게 숨을 휴~ 하고 내쉬기도 하고, 학교 수업을 마치고 호숫가 벤치에 앉아 긴장감을 털어내려 무지 애썼다. 살아가면서 큰일을 당해보지 않은 나에게 입시는 커다란 인생의 장벽으로 내게 다가왔다.

그러던 어느 날 내게 엄청난 일이 일어났다. 국사시험에서 만점을 맞은 게 아닌가? 세상에 이런 일이? 18등을 넘지 못하던 나였는데, 반에서 국사시험이 만점인 사람은 나밖에 없었다. 이것이 내 인생의 전초전의 신호였다.

성격이 밝은 편이라 엄마가 나를 불러 말씀하셨다.

"집안 형편이 어려워져서 야간고등학교를 가야할 것 같다."

하지만 난 우울해하지 않았다. 지금 생각하면 철도 없고, 생각도 별로 하지 않는 성격 탓에 어려움을 그렇게 어렵다고 생각하지 않았던 것 같다. 현실에 적응을 잘하는 편이다. 8남매가 다 그런 성격을 가지고 있다. 엄마, 아버지의 성실함을 그대로 물려받아 어려운 현실을 심각하게 받아들이지 않는 것일 수도 있다. 오죽하면 8남매 중 작은언니가 다리가 아파 병원 치료 때문에 학교를 휴학한 것 말고는 전부 초·중·고등학교 12년을 개근상을 받은 틀에 박힌 사람들이다. 지금 생각하면 농땡이를 좀 부렸어야 하는데 안 부린 것이 조금 후회가 되기도 한다.

그렇게 나는 마산여상 야간고등학교에 전교 74등으로 입학을 했다. 보통 수준의 내가 6개월 동안 열심히 공부해서 입학한 등수라 무척 만족했다.

고등학교 1학년 담임인 정중규 선생님은 초등학교, 중학교 생활 동안 나라는 존재가 있는지 없는지도 모르는 나에게 자존감이라는 것을 가슴에 처음 심어준 사람이다. '서기'라는 감투를 처음 씌워주셨다. 그것이 내게 인생을 다른 관점으로 바라보게 하는 계기가 되었다. 인생을 좀 더 자신감을 가지고, 노력하는 사람으로 살아가게 되었다. 서기는 반장이 회의를 주체하는 시간에 회의 내용을 칠판에 적는 일을 하고, 회의기록부에 기록을 하는 일을 한다. 별것 아닌 것 같아 보이지만 그것은 내게 크나큰 인생의 파장이 되었다. 초등학교 3학년 김인선 담임 선생님이 나를 불러 신발에 눌러 붙은 껌을 떼어달라는 일을 시켰을 때에도 나는 감사하는 마음을 가지고 있었다. 왜냐하면 선생님이 나를 불러주었으므로 내가 존재하고 있다는 것을 느끼곤 했다. 그만큼 나는 있는지 없는지 모를 만큼 눈에 띄지 않는 학생이었다. 마산여상을 다니면서 나는 친구 5명을 얻었다. 내 가슴속에는 그중 부산 화명동에 살고 있는 G를 가장 사랑한다. 3년 동안 친구들과 경쟁하며 공부할 수 있었고, 서로 공부하는지 감시의 눈을 잠시도 떼지 않았다. 친구들도 나도 각자 직장을 다니면서 고등학교 3년을 다녔다.

나는 진해조선소에서 급사 생활을 했고, 친구들은 대학교, 타코마, 고등학교에서 일을 했다. 특히 G와 많은 시간을 보냈다. G의 집에서 저녁을 먹으며, 미래에 대한 꿈들을 얘기하며 하얀 밤을 지새우기도 했다. 시험 기간에는 친구가 공부를 하고 있는지 보려고 갑자기 친구 집에 찾아가기도 했다. 재래식화장실에서 수학 문제를 푼 연습장을 보고 내 주먹을 불끈 쥐고 온 적도 있다.

고등학교 3년 동안 나는 친구들과 선의의 경쟁을 하며, 학교생활을 알차게 보낼 수 있었다. 3학년이 되어서는 친구 5명 모두 반장이 되어 각자의 위치에서 인생을 꿈꾸게 되었다. 3년 동안 시간을 아껴 진해에서 마산까지 왔다 갔다 하며 2시간을 공부하는 데 썼다. 부기 2급자격증도 버스 속 공부로 취득했고, 주산은 점심시간 1시간 중 엄마가 싸주신 도시락을

10분 만에 먹고, 같이 식사를 한 L언니와 사적인 대화도 한 번 나누지 않고, 주산의 알판을 튕겼다. 3년 동안 그러했으니 두 언니들이 속으로 많이 서운했을 것이다. 하지만 Y언니와 L언니는 단 한 번도 나를 꾸중하지 않았다. 오히려 측은해하셨다. 동생 같아 더 그러했을 것이다. 그분들은 지금 63세 정도 되신다. 경남은행에 합격하고, 첫 봉급을 받은 날 전 직원에게 삼겹살을 대접했다. 양말과 손수건, 책을 예쁘게 포장해서 감사 편지와 함께 드렸다. 그것이 마지막 인사가 될지 몰랐다. 지금 생각하면 고등학교 공부를 시켜주신 분들인데 쇠고기를 대접하지 못한 것이 세월이 지나서도 두고두고 후회가 된다.

3년을 열심히 공부해서 대기업에 입사해야 가난에서 벗어날 수 있다는 생각으로, 내 미래만 생각하며 3년을 견뎌냈다. 일요일은 타자학원에 다녔다. 타자는 키보드 치는 연습을 해야 자격증을 취득할 수 있어 학원을 다녔다. 그래서 한국직업관리공단에서 주최하는 한글 2급, 영문 2급 자격증을 취득할 수 있었다. 시험기간에는 새벽 4시까지 잠을 자지 않았다. 겨울에는 세숫 대야에 찬물을 떠다놓고 발을 담그고 선풍기를 틀어 잠을 쫓았다. 학교 수업 중 쉬는 시간에 잠이 쏟아질 때는 내 뺨을 30cm 자로 때리며 잠을 쫓기도 했다. 그런 노력이 쌓여 2학년, 3학년 반장으로 전교 7등으로 경남은행에 당당히 입행할 수 있었다. 하지만 같이 면접을 본 전교 1등은 경남은행에 합격하지 못해 안타까웠다. 그 친구는 지금 뭘

하고 있을까? 가끔 그 친구가 궁금하다.

엄마는 부산 광안리에서 16살이라는 나이에 함양 산청 가난한 농부의 아들인 우리 아버지에게 시집을 왔다. 16살 소녀가 알면 뭘 얼마나 알겠는가? 시어머니의, 증조할머니까지 모시며 엄마는 고된 시집살이를 하셨다 한다. 추운 겨울에 담도 없는 초가집 차가운 마루에 웅크리고 앉아 밤을 지새운적도 많다고 하셨다. 작은언니가 다리가 아파 병원에 1년 정도 입원한 적이 있다. 엄마가 병원에 다녀오신 날은 어김없이 빨래를 잔뜩 수돗가에 가져와 빨래 방망이로 죄 없는 빨래에게 하소연하셨다. "내가 전생에 무슨 죄가 많아 우리 딸이 이렇게 다리가 아프냐?" 하며 서럽게 우셨다. 나는 지금도 엄마의 그 절규하던 모습을 잊을 수가 없다. 시집와서 8남매를 낳고 키우시다가 이제 조금 형편이 나아지니 간암 말기라는 선고를 받고, 3개월 정도 사시다가 내 결혼식이 끝나고 신혼집에도 한 번 와보시지 못하고 돌아가셨다. 엄마는 평생 자신을 돌아보지도, 자신을 챙기는 시간을 가지지도 못하셨다. 8남매를 낳아 기르기에 바빴으므로 엄마 김수희의 인생은 없었다. 그래서 나는 남편에게 "엄마 같은 인생을 살고 싶지 않다! 자식은 한 명만 낳겠다."라고 했다. 엄마는 꽃다운 지금 내 나이 55세에 세상을 떠나셨다. 그래서 나는 엄마 인생까지 살아야 하는 의무감이 있어 인생을 열심히 살아가려고 노력하는 편이다. 엄마는 우리를 키우시면서 하루에 도시락을 20개 싸신 적도 있다. 도시락

반찬은 깍두기, 김치가 전부였다. 그래도 그 맛은 꿀맛이었다. 도시락 알루미늄 쇠가 녹아 시퍼런 밥을 먹을 때도 배탈은 나지 않았다. 엄마의 따뜻한 사랑을 먹기 때문이다. 엄마는 돌아가시기 전까지 진해 경화동 철공소에서 쇠 녹을 닦는 일을 하셨다. 회사까지 버스비를 아끼기 위해 왔다 갔다 2시간 거리를 걸어 다니셨다. 추운 겨울이면 길에서 따뜻한 어묵을 팔지만, 8남매가 눈에 밟혀 300원짜리 어묵을 단 한 번도 목구멍에 넘기신 적이 없다. 가게 주인의 눈치를 보며 국물 한 모금 떠 드시는 게 전부셨다. 나 역시도 진해조선소 급사 시절 버스비를 아끼기 위해 3년 동안 아침 7시에 집에서 한 시간을 걸어 탑산을 넘어 속천 진해조선소에 출근을 했다. 봄이면 탑산에 개나리와 진달래가 피어 있었다. 가끔은 장미 한 송이가 나를 반갑게 맞아주었다. 그래서 나는 장미에게 말을 건다. "장미야, 안녕? 잘 있었니?" 영어 시 암송 시험이 있을 때에는 장미에게 시험 테스트를 받기도 했다. 내가 가장 어려울 때 친구가 되어준 장미를 사랑하고 소중하게 생각한다.

고등학교 3년의 시간은 행복했다. 일요일엔 3년 동안 진해 탑산 밑 도서관 문을 내가 가장 먼저 열었고, 밤 11시에 마지막 퇴실을 했다. 중간에 공부를 열심히 했는지는 중요하지 않았다. 그곳에 있다는 것이, 나에게는 더 큰 의미가 있었다. 사람은 뭔가 틀에 매여 있어야 열심히 하는 경향이 있다. 습관의 힘이 크기 때문이다. 그것이 사람의 운명을 바꾸기도 한다. 3년 동안 시간을 허투루 쓰지 않으려고 노력했다. 그것이 마산여상 고등학교 야간 학생이 경남은행에 당당하게 입사하게 된 비법이다.

누구나 이렇게 말한다. 부모 잘못 만나 가난하게 산다고! 가난한 부모를 만나 내 인생의 기회가 없다고! 하지만 난 단연코 말할 수 있다. 아무것도 가지지 않아도 몸과 정신만 건강하다면 누구나 성공할 수 있고, 행복한 자신의 미래를 바꿔갈 수 있다고 생각한다. 우리 몸 안에는 신이 주신 수만 가지 재능 중에 5가지 정도의 달란트가 있다. 특기, 재능, 취미, 능력, 관심사가 내 몸 안에 있는 것이다. 그것을 우리는 모르고 지나쳐버린다. 그것이 내 인생을 바꿔줄 행운의 열쇠임을 모르고 살아가고 있다.

37년 전 오빠의 사업 실패는 나의 인생에 엄청난 파장을 일으켰다. 내 나이 55세에 이렇게 작가의 인생을 살게 해준 장본인이기도 하다. 내가 세상에 내몰린 때부터 37년을 살아온 인생 여정이 〈한책협〉 김도사님을 만나 작가로, 메신저로 재탄생되었다. 불행은 또 다른 얼굴을 한 행운의 여신이다! 그것을 단지 우리가 알아차리지 못할 뿐이다. 지금 내게 엄청난 큰 불행이 닥쳤다면 나는 신이 선택한 사람임에 틀림이 없다. 단지 신이 나를 테스트하는 시간을 가지는 것이라고 생각한다. 차후 시간이 지나면 그것을 깨닫게 된다.

3

가슴속의 깊은 울림

지금 당장 '나'에 대한 생각과 느낌을 바꾸기 시작하라.
당신을 중심으로 주위 환경이 달라지기 시작한다.

- 《기적수업》 구세주 김도사 -

나는 항상 단 한 번뿐인 내 인생을 어떻게 살아갈 것인가에 대해서 고민을 많이 하고 살았다. 인생에서 진정한 행복이란 내가 원하는 삶을 살아가는 것이 아닐까 하는 생각이 든다. 누구에게나 어떤 계기로 인해 인생의 행로를 바꾸거나 세상을 바라보는 관점, 가치관이 완전히 바뀌는 경험이 있다. 나는 딸을 대학 공부시킬 때까지 나 자신을 돌아볼 마음의 여유도 없이 돈을 벌기 위해 혈안이 되어 살았다.

4년 전 어느 날 영화배우 K 씨가 교통사고로 사망했다. TV 뉴스를 보고 나는 적지 않은 충격을 받았다. 매일 불의의 교통사고로 죽어가는 사람들은 많다. 하지만 그때 내 머리를 망치로 얻어맞은 듯한 충격은 지금까지의 인생과는 다른 삶을 살게 했다.

10년 동안 돈을 번다고 앞만 보고 달려온 컨트리 캐디 생활을 잠시 내려놓고, 딸에게 전화를 걸었다. "사람은 언제 죽을지 몰라. 내일 당장 죽을 수도 있어! 엄마랑 여행을 떠나자!" 내 말을 들은 딸은 황당했을 것이다. 하지만 내 배로 낳은 딸이라 나를 이해해주었다.

회사에 한 달 휴가를 냈다. 25년 전 신혼여행 때 다녀온 제주도와 베트남, 태국을 숨 돌릴 틈도 없이 차례로 일정을 잡아 비행기 표를 끊어 다녀왔다. 딸은 대학을 미국에서 1년 다녔고, 중국 호텔에서 5개월 정도 인턴 생활을 했고, 얼마 전 고등학교 친구들이랑 유럽여행을 다녀온 지 얼마 되지 않아 나처럼 그렇게 여행에 대한 절실한 마음은 없었을 것이다. 하지만 엄마의 마음을 누구보다 잘 헤아려주어 고마웠다.

제주도 비행기 표를 끊었다. 가는 날이 장날이라 폭설이 내렸다. 비행기가 거의 결항이 되었다. 아침 8시에 김해공항에 앉아 비행기가 뜨기만을 기다렸다. 다행히 제주행 비행기는 아직 결항이 안 되어 마음이 놓였다. 창밖에 내리는 폭설은 점점 힘을 잃어 양이 많이 줄어 있었다. TV 속보로 제주도 공항에서 폭설 제설 작업을 하고 있다는 소식을 들을 수 있었다. 한참을 기다리다 오후 4시가 되어 드디어 25년 만에 제주도로 향하는 비행기에 올라탈 수 있었다. 내 심장은 심하게 요동쳤다. 아는 사람은 다 알 것이다. 이 떨림을! 이 기다림의 세월을! 비행기도 내 마음을 아는지 축복하듯, 공항의 폭설로 인한 제설 작업으로 30분가량 하늘에서 공회전을 한 후에 제주공항에 착륙할 수 있었다. 가슴 벅찬 순간이었다. 내 딸과 함께 25년 만에 다시 제주도에 온 것이다.

먼저 자동차 렌트를 했다. 평생 한 번도 해보지 않은 스노우 체인을 바퀴에 감고 차에 이상이 없는지 확인을 한 후, 제주 시내 도로를 기어서 겨우겨우 예약한 호텔에 도착할 수 있었다. 25년 전 내가 알고 있던 제주도가 아니었다. 광활하게 잘 닦여진 도로포장, 우뚝 서 있는 호텔들 그리고 이제는 옛날의 모습을 찾아볼 수 없는 호화로운 도시, 관광도시로 변해 있었다. 내 나이 26살에 3번 만나 결혼을 결심하고, 남편이 정한 날 1991년 4월 21일 우리는 결혼식을 올렸다. 신혼여행을 와서 결혼 기념사진을 촬영하느라 제주도를 여유 있게 만끽할 마음의 여유가 없었다.

10쌍 정도 함께 신혼여행을 다니며 사진촬영을 했다. 그때는 참 예뻤는데, 지금 내 나이 벌써 50살이 되어 있었다. 하지만 사랑하는 딸과 함께 있어 인생이 외롭지 않았다. 하루방들도 곳곳에 보이고 말을 타고 찍던 장소가 잠시 그리워졌다. 전남편과의 추억들이 새록새록 되살아났다.

'잘 있겠지?' 벌써 남남으로 산 지 20년이 지났다. 그와 함께한 세월도, 결혼사진도 마음속에서 빛이 바래져갔다.

농협마트에 가서 필요한 음료수와 먹을거리를 샀다. 딸 남자친구 집에 보낼 한라봉도 사서 택배로 보냈다. 우리가 먹을 한라봉은 없다. 항상 이렇게 주위의 지인들만 챙기고 사는 우리가 못마땅하지만, 이제는 우리 자신도 챙기면서 맛있는 음식도 먹고, 지인들에게 선물도 하는 그런 삶을 살아갈 것이다.

바다가 보이는 호텔에서 하룻밤을 잤다. 제주도는 맛있는 해산물이 참 많다. 고향이 진해라서 해물을 좋아한다. 해물탕과 꽁치구이를 먹으며 나는 마냥 행복해했다. 딸이 대학을 졸업했으니 이제 돈을 모아 세계 일주를 해야지 하는 소망, 버킷리스트가 생겼다. 앞으로 떠날 여행을 생각하니 밥을 먹으면서 괜히 웃음이 났다.

딸은 알까? 나의 이 행복을, 나의 이 감사함을. 얼굴에 미소를 머금고 있었지만, 나의 마음은 벅찬 심정으로 울고 있었다. 그것은 기쁨의 눈물이었다. 둘이라서 너무 행복했다. 딸의 소중함을 느끼는 여행이 되었다.

나는 속으로 생각했다. '내 딸이라서 고마워.'

번개 불에 콩 구워 먹듯 이제 베트남으로 떠날 여행 가방을 쌌다. 외국 여행은 경남은행 10년차였을 때 일본 연수 10일을 다녀온 게 전부다. 일본 여행도 나름 재미있었다. 입행 동기들과 수다를 떨며 은행 견학을 하거나 사찰과 백화점을 구경했다. 그리고 밤에는 쇼킹한 나이트클럽의 문화 충격을 경험했다. 가족들에게 줄 선물을 사느라 구경도 제대로 못 했던 기억이 난다. 뒤에 딸과 함께 한 번 꼭 가볼 생각이다. 25년이 지난 지금 일본도 많이 변해 있을 것이다.

베트남은 제2의 고향 같은 곳이었다. 우리나라 1960년대를 그대로 가져다 놓은 느낌이었다. 신호등이 없어도 차들이 서로 약속이라도 한 듯이 양보하며 질서를 지키며, 지나가기도 하고, 교차하기도 했다. 참 신기했다. 서로를 배려하며 눈으로 수신호를 주고받는 듯했다. 맛있는 식당을 인터넷에서 미리 찾아 맛집으로 갔다. 우리가 묵는 호텔 뒷쪽 5분 거리에 있어 가까워서 좋았다. 음식은 맛있고 깔끔했다. 가격은 다소 비쌌지만 해물구이는 정말 맛있었다.

다음 날 궁금했던 마사지 샵에 갔다. 외국여행을 가면 누구나가 가보고 싶은 코스다. 나도 처음이라 잔뜩 기대를 했다. 딸과 나는 긴장된 모습으로 가운을 갈아입었다. 맨 먼저 장미 꽃잎을 띄운 용기에 발을 씻겨 주었다. 23살쯤 되어 보이는 아가씨의 손끝이 따뜻했다. 딸 또래라 마음이 찡했다. 오랜 피로가 확 풀리는 느낌이었다. 정성 어린 경락 마사지는 나로 하여금 또 다른 세계를 맛보게 해주었다. 감사한 마음에 사진도 같이 찍고 마음을 담아 팁을 주니 악! 하고 고함을 질렀다. 내가 오히려 더 감사했다. 고객의견함에 너무 행복한 시간이었다고 적었다. 그녀에게도 행운이 함께하기를 진심으로 바란다. 베트남은 언젠가 딸과 함께 꼭 와 보고 싶은 나라였다. 우리가 묵은 호텔 가까이에 미케비치가 있었다. 우리는 비키니를 입고 밀려오는 파도를 타기도 하고 어린아이처럼 소리를 질러댔다. 25년만의 여행은 우리의 삶을 더욱 풍요롭게 했다. 살아 있어 행복한 순간이었다. 불교사원도 구경했다. 한국 사람들이 거의 반을 차지하고 있었다. 크리스마스를 한여름에 보내는 것이 특이했다. 여름 반팔을 입고 크리스마스트리 옆에서 사진을 찍고 캐럴을 들었다. 베트남의 밤은 아름다웠다.

태국으로 가는 비행기 표를 끊었다. 팁을 받기 위해 주춤거리는 택시 기사님, 그리고 호텔 지배인의 시선이 부담으로 다가왔다. 그들은 팁으로 생활비를 버는 듯했다. 여행 가방을 들어주면 대가를 지불해야 하는 문화가 낯설게 느껴졌다. 태국에서 왓포 사원을 구경하려면 도시의 중심에 있는 강을 배를 타고 건너 사원에 도착할 수 있다. 웅장한 사원들은 태국의 역사를 대변해주는 듯했다. 그들의 숨결을 느끼는 시간들이었다. 우리나라 불국사를 구경하는 듯한 느낌이었다. 신앙이란 마음의 안정을 가져다주고 내면속의 나와 마주하는 시간임에 틀림없다.

베트남과 태국을 여행하면서 '그들은 참 따뜻한 가슴을 가진 사람들이구나!' 하는 생각이 들었다. 우리나라와 형제 같은 비슷한 문화 속에 살아온 국민성을 엿볼 수 있었다. 다시 한 번 찾고 싶은 나라, 그곳은 베트남과 태국이다. 여행을 한다는 것은 참 좋은 것이다. 지친 삶의 활력이 되고 내일을 계획할 수 있고, 지나온 삶을 반추하는 시간을 가지게 된다.

영화배우 K 씨의 갑작스러운 죽음으로 인해 나는 지금 내가 가장 하고 싶은 것을 알게 되었다. 인생을 한 박자 쉬며 살아가는 삶의 여유를 알게 되었고, 돈보다는 시간이 가장 소중한 것임을 깨닫게 되었다.

누구에게나 어떤 계기로 한순간의 깨달음을 얻는 순간이 꼭 찾아온다. 그것은 마음의 소리이기도 하고, 또 어떤 인생의 행로를 바꿔야 하는 시점이 되기도 한다. 삶이란 참 알 수 없는 것이다. 살아가다가 어느 순간 뇌리를 스치거나, 망치로 두들겨 맞는 인생의 전환점을 맞기도 한다. 그러고 보면 난 참 행운아다.

4

아름다운 것은 어디에나 있다

인생의 승리자가 되고자 한다면 책임질 줄 아는 사람이 되어야 한다.
책임질 줄 아는 자세에서 차이가 나타나기 때문이다.

- 《기적수업》 구세주 김도사 -

인생을 살다 보면 자신의 생각과는 정반대로 흘러갈 때가 있다. 사람의 마음은 내가 어찌할 수 없는 부분이 있다.

인생에서 진정으로 사랑하는 사람을 만나 진정한 사랑을 성취했다면, 그 사람은 그야말로 인생의 승리자라 할 수 있다. 사랑하는 사람과 함께한다는 것만큼 행복한 삶은 없을 것이다. 자신의 반쪽을 찾기란 대서양의 모래알 속에서 바늘을 찾는 것보다 어렵다고 생각한다. 한 번뿐인 인생, 진정한 동반자, 사랑하는 사람과 함께한다면 더할 나위 없는 행복한 삶일 것이다.

내가 B를 처음 알게 된 것은 고등학교 입학시험을 치고 난 뒤, 한 달 정도 공백이 있었던 때였다. 초등학교 친구 L의 남자친구였다. 그들과 우연한 기회에 탁구를 친 적이 있다. 그때 가장 유행하던 노래는 〈어쩌다 마주친 그대〉였다. 나는 이 노래를 들을 때마다 가슴이 미어지는 느낌을 받는다. 내 짝사랑의 아픔이 컸기 때문이다. 그 후 그 둘은 헤어졌고 우연히 B와 마주친 적이 있었다. 나도 그가 싫지는 않았다. 그가 내게 제안을 했다. "비가 오는 날 집 근처 공중전화 박스에서 만나자." 그 약속을 한 후 우리는 헤어졌다.

비가 오기를 조금 기다렸다. 내 소망이 하늘에 닿았는지 어느 날 비가 내렸다. 나는 예쁘게 차려입고 공중전화 박스에 서 있었다. 얼마 후 그가 뚜벅뚜벅 내게 걸어왔다. '그도 나를 기다렸을까?' 하는 생각을 했다. 반갑게 인사를 하고 우리는 진해 전도관 옆 철길을 걸었다. 별 이야기를 하지는 않았다. 그리고 내 아련한 짝사랑이 시작되었다. 어느 날 그의 집에 놀러간 적이 있었다. 부모님께 인사를 했다. 우연히 그의 수학책을 보게 되었다. 그 책 속에 연필로 내 이름이 적혀 있는 것이 아닌가? 그도 가끔 나를 생각하는구나 생각했다.

나는 짝사랑을 혼자 앓으며 수업시간에도 귀가 윙~ 거렸다. 항상 그에게 생각이 집중되어 있고, 타자 시간에 타자를 치면서도 그와 걷던 철길을 회상했다. 그래도 B가 내마음속에 있어 고등학교 생활 3년이 그렇게 힘들게 느껴지지 않았다. 학교 수업을 마치고 집에 돌아와 그에게 보낼 사랑의 편지를 새벽 4시까지 잠을 안 자고 썼다. 보고 싶다며 눈물을 뚝뚝 흘린 편지지를 그대로 봉해 그의 집에 우편으로 보냈다. 항상 짝사랑을 하고 있으니 가슴이 아렸다. 가끔 백장미 빵집 옆에서 여자친구와 서 있는 B가 눈에 들어왔다.

나는 B가 그리울 때 B의 아파트가 보이는 탑산 밑 공원 벤치에 아침 8시부터 밤 11시까지 눈물을 줄줄 흘리며 앉아 있던 적도 있다. 그때 읽었던 A. J. 크로닌의 『성채』라는 책이 37년이 지난 지금, 아직도 내 책상머리맡에 있다. 비가 오는 날에는 그가 더 사무치게 보고 싶었다. 공중전화비가 30원일 때 500원을 10원 주화로 바꿔 그의 집 전화번호일 것 같은 집에 전화를 걸어 "B집입니까?"를 하루 종일 물어본 적도 있다. 마산여상을 졸업하고 경남은행에 입사하여 아침 출근길에 하얀 원피스를 입고 벚꽃이 활짝 핀 아름다운 길을 걸으며 마산으로 갈 버스를 기다리고 있었다. B가 날 본 것이다. 그날 이후 일요일 어느 날 집에 전화가 걸려왔다. "경남은행 부림동 지점 문수빈입니다." 내 인생의 짝사랑 B의 전화를 나는 그렇게 받았다. "나 B야! 잘 지내니?" 그의 전화는 그것이 마지막이었다. 그에게 감사한 것은 어려운 야간고등학교 3년동안 어둠의 고통 가운데서도 누군가를 그리워하며 지낸 세월이 있기에 외롭지 않고 잘 견뎌낼 수 있었다는 것이다. 비록 짝사랑이지만 37년이 지난 지금 B에게 감사함을 전한다.

어느 토요일 오후 나는 버스 제일 뒤쪽에 침을 흘리면서 입을 벌리고 자고 있었다. 누군가가 나에게 말을 걸었다. M은 아주 핸섬한 고등학생이었다. 잘생기고 옷도 깔끔하게 잘 입었다. "어디 가세요?" 핸섬한 그가 내게 물었다. 나는 학교를 간다고 했다. 그는 마산에서 진해로 통학을 하고 있었다. 그날 비가 왔다. 학교가 가까워지자 같이 내렸다. 우산을 같이 쓰며, 내일 진해 탑산 옆 목신의 오후에서 차를 한잔하자고 했다. 나에게도 데이트 신청을 하는 사람이 있어 행복했다. 다음 날 오후 5시에 그를 만나 차를 마셨다. 그리고 몇 년을 까마득히 잊고 있었다. 결혼을 하고 경남은행 마산 중리 지점에 근무할 때 그가 동사무소 급여이체 명세서를 들고 내 앞에 서 있었다. 8년이 흘렀지만 M인지 단번에 알 수 있었다. 대학을 졸업하고 동사무소에 근무한다고 했다. 반가웠다. 그도 곧 결혼을 한다고 했다.

얼마 뒤 동사무소에 볼일이 있어 간 김에 M을 찾았다. 직원에게 물어보니 얼마 전 과로로 하늘나라로 갔다는 얘기를 들었다. 결혼한 지 한두 달밖에 되지 않았는데 너무 안됐다는 생각이 들어 M의 어머니 전화번호를 물어 전화를 드렸다. 위로의 말씀을 전했다. 가끔 M이 생각날 때가 있다. 인생도 제대로 펼치지 못하고 간 친구 M을 축복한다. 그의 부인도 새로운 삶을 찾아 잘 살아가고 있었으면 하는 바람이 있다. M의 어머니도 아들의 죽음을 이제는 잊고 사셨으면 한다. 사람의 명은 인력으론 어쩔 수 없는 일이다. 그것은 하늘이 결정하는 문제라 어찌할 수가 없다. 단지 주어진 시간에 자신이 가장 하고 싶은 것을 하고 사는 것이 정답이 아닐까 하는 생각이 든다. M의 죽음으로 인해 후회하지 않는 삶을 사는 것이 제대로 사는 인생임을 알게 되었다.

고등학교 졸업을 앞두고 친구 5명이랑 부산 태종대에 놀러간 적이 있었다. 그날 진해 탑산에서 우연히 남학생들과 미팅을 했다. 나의 파트너는 K였다. 우리는 가명을 썼다. 그는 키가 174cm에 핸섬한 얼굴에 착해 보였다. 그도 내 마음을 아는지 우리는 급격하게 가까워졌다. 한번 그의 집에 가서 가족들을 만난 적이 있다. 다 순박하고 착한 사람들이다. 우리 집에 와서 엄마가 차려주신 밥을 먹은 적도 있다. 매일 그는 집으로 편지를 보내주었다. 손가락이 길고 필체가 아름다웠다. 나는 경남은행 연수를 받기 위해 기다리는 중이었고, 그는 취업 준비생으로 경화동 주유소에서 기름을 넣는 아르바이트를 하고 있었다. 은행 연수를 마치고, 나는 그를 만나고 돌아오는 길에 그와 헤어질 것을 마음속으로 다짐을 했다. 8남매의 우리 집도 가난하고, 10남매인 그의 집도 가난해 미래가 없다고 극단적으로 생각했기 때문이다. 주유소에서 마지막 얘기를 나누고 집으로 돌아와 이불 속에서 얼마나 크게 통곡하며 울었는지 모른다. 그도 내 마음을 알아차렸는지 연락을 하지 않았다.

그렇게 그와 헤어지고 3년을 바쁘게 은행 생활을 하고 있었다. 어느 날 은행 친구 L이 진해 우리 집에 놀러 왔다. 밥을 먹고 차를 마시러 시내로 나갔다. 차를 마시고 있는데 누군가 계단을 내려왔다. K였다. 친구를 보내고 그와 차를 한잔하는 시간을 가졌다. 그가 안쪽주머니에서 뭔가를 꺼냈다. 그것은 내가 3년 전에 그에게 보낸 편지였다. 나는 그날 엄청난 죄책감을 느꼈다. 그는 군대에 있는 동안 나를 한 번도 잊은 적이 없다고 했다. 그와의 만남은 하늘을 나는 것처럼 행복했다. 내가 그에게 물었다. "나는 너를 만나면 하늘을 나는 기분이야! 너는 어때?" 그도 그렇다고 했다. 가끔 일요일 비서실에 꽃꽂이를 해야 할 때도 같이 가서 기다려주었다. 가을이 되면 코스모스가 만발할 때 창원 충혼탑 옆에서 우리는 사진을 찍었다. 그 아름다운 사진들을 내 사진첩에 고이 간직하고 있다. 하지만 내 욕심 때문에 나는 그를 선택하지 않았다. 그에게 또 한 번 상처를 주었다. 하지만 그는 내게 아무런 원망도 하지 않았다. 그리고 그렇게 나는 고등학교 선생과 3번 만나고 결혼을 했다.

결혼식 전날 나는 차마 K의 편지를 내 손으로 태우지 못해 남동생에게 부탁을 해서 그 많던 그와의 추억을 태웠다. 지금은 후회한다. 귀한 편지를 고이 간직했다면, 가끔 꺼내서 읽을 수 있었을 텐데 하는 생각을 한다. 사람은 죄를 지으면 그대로 돌려받는다. 사랑했던 사람의 마음을 짓밟고 잘된 사람은 없을 것이다. 지금은 K도 행복한 결혼 생활을 하고 있다. 그가 잘 살아가는 것을 가끔 페이스북으로 훔쳐보고 있다. 행복해서 정말 다행이다라는 생각이 든다. 죄는 꼭 돌려받는다는 인생의 진리를 느끼며 살아가고 있다. 우리는 누구의 행복도 짓밟을 권리가 없다. 헤어짐에도 예의가 있어야 한다고 생각을 한다. 내 인생 내 감정도 중요하지만 남에게 상처를 주면서까지 자신의 행복을 갈구하는 것은 잘못이라는 것을 뼈저리게 느끼며 살아가고 있다.

마음을 열고 손을 내민다는 것

미래를 바꾸는 간단한 공식은 생각을 바꾸는 것이다.
원하지 않는 것에서 시선을 거두고 원하는 것에만 집중하는 것이다.

– 《기적수업》 구세주 김도사 –

딸이 대학 공부를 마치고 내게 마음의 여유가 있을 무렵, 강사 자격증을 따야겠다는 생각을 했었다. 4년 전 회사에 한 달 휴가를 냈다. 부산 해운대에 있는 부산리드에서 한 달 동안 월요일에서 금요일까지 하루도 빠짐없이 수업을 받았다. 성희롱 예방 교육, 법정 의무 교육, CS 강사 교육, 컬러 진단의 과정을 이수하고 필기시험과 강의 실습을 통해 자격증을 4개 취득했다. 자격증을 취득한 후 K강사님처럼 메시지를 전달하는 메신저, 동기부여가가 되고 싶었다. 지금까지 54년을 살아오면서 36년의 직장 생활 동안 성공했던 이야기, 그리고 크게 실패하여 고생하며 20년 동안 배고픔과 가난, 고통을 이겨낸 이야기들을 10대, 20대, 30대, 40

대에게 들려주어 20년의 세월과 귀한 시간을 낭비하지 않게 해야 한다는 강한 마음의 울림이 있었다. 시간이란 돈보다 귀중하다는 것을 뼈저리게 느끼면서 내 강연을 듣고 누군가는 다시 마음을 다잡고 살아갈 수 있기를 바라는 마음이 컸다.

나는 그 마음의 열정으로 한 달 일을 하면 벌 수 있는 수입금 300만 원을 포기했다. 강사 자격증을 취득한 후 더 훌륭한 강사가 되기 위해서는 스피치학원을 다녀야 한다고 마음속으로 생각했다. 부산 서면에 있는 정보영 스피치학원에서 K강사님께 8개월 수업을 매주 월요일, 화요일 휴가를 내서 수업을 듣고, 강사의 기본자세와 메시지를 전달할 수 있는 말의 억양과 말을 할 때 강약의 힘 조절 기술을 조금씩 익혔다. 어느 날 K강사님이 고속도로에서 교통사고가 난 적이 있었다. 다행히 몸을 많이 다치지는 않았다. 하나님의 딸로 라디오 방송 MC로 기독교방송을 진행하고 계신다. 축복받은 사람이라고 생각한다. 하나님께서 주신 천직대로 인생을 잘 살아가고 계신다. 마음 착한 남편을 만나 행복한 결혼 생활을 하고 있다. 작가로 1인 창업가로 성공하는 날 꼭 찾아뵙고 나의 책을 전해드리며 감사의 인사를 드리고 싶다.

훌륭한 강사가 되겠다는 열망으로 K강사님의 유튜브를 일할 때와 잠잘 때 말고는 하루 종일 이어폰을 끼고 듣고 보았다. 그리고 K캠퍼스 열정 대학생에 등록하여 일을 마치고 2년 동안 오후 10시까지 도서관에 가서 과제를 하기도 하고, 책을 읽으며 내실을 다져나갔다. 폭우가 와서 일이 되지 않는 날에는 공원 벤치에 우산 2개를 양쪽에 받쳐놓고 강연 연습을 했다. 도서관이 문을 닫는 10시 이후에 업무가 마치면 어두컴컴한 공연장에 K강사님의 유튜브를 틀어놓고 밤 11시 반까지 K강사님의 돈에 대한 강연을 그대로 따라 하기도 했다.

회사 일을 하면서 책을 볼 시간은 그렇게 많지 않다. 일 나가기 2시간 전에 출근해서 배치실에서 일 배치를 받기 전 10분 정도 마음의 여유가 있다. 그때 잠시 직원들과 빙 둘러 앉은 자리에서 글이 머리에 잘 들어오지 않지만, 책을 접어서 잠시 한 줄을 읽는 나의 작은 생활 습관을 12년간 계속 실천하고 있다. 작은 습관의 힘은 한 사람의 운명을 바꾸기도 한다. 책 속의 그 한 줄이 한 사람의 운명을 바꾼다. 〈한책협〉 김도사님은 "나는 하루하루 조금씩 점점 나아지고 있다."라는 나폴레온 힐의 말로 힘든 인생을 살아갈 용기와 큰 힘을 얻었다고 하셨다. 자투리 시간을 낭비하지 않기 위해서다. 일하는 도중 팀이 밀려 화장실 가는 시간이 있다. 그때 잠시 5분 정도 글 한 줄을 읽을 여유 시간이 온다. 그때 접어두었던 책을 꺼내 읽는다. 이런 나의 모습을 보고 고객님께서는 "책 보네!" 이렇게 말을 한번 건네신다. 다소 미안한 생각이 들 때도 있다. 일에 집중하지 않는 느낌도 있고, 라운딩 중인 4분의 고객님들에게 서비스를 소홀히 한 것은 아닌가 하는 죄책감을 느낄 때가 있다. 하지만 12년의 컨트리 보조원 생활을 하는 동안 고객님의 클레임은 단 한 번도 없었다. 오히려 고객님들께서는 "10년을 라운딩했지만 문수빈 씨만큼 일 잘하고 친절한 캐디는 본 적이 없다."라고 칭찬을 많이 해주셨다. 그리고 팁도 다른 직원보다 두둑하게 받는 편이다. 내가 고객님들을 가족처럼 모시기 때문이다. 서비스 정신이라고 하면 단연 최고라는 자부심을 가지고 살아가고 있다. 내가 이 골프장의 사장이라는 마인드로 12년을 살아왔다.

K강사님의 유튜브를 들으며 일상을 살아가고 있던 중 K강사님께서 부산 농심호텔에 강연을 오신다는 문자를 받았다. 딸에게 부탁해서 신청을 했다. 그날 딸은 참석하지 못했다. 여름이라 상할 수도 있어서 전날 주문한 떡 세 박스를 당일 아침 7시에 2시간 거리까지 가서 찾아와 스텝에게 전해드렸다. 떡을 맛있게 하는 곳이라 전해드리고 마음이 뿌듯했다. 강연 전 K강사님께서 "양산에서 온 문수빈씨 나오세요!"라고 말씀하셨다. "이제 애 다 키웠으면, 자신이 하고 싶은 일을 하세요!"라고 하시면서 포옹과 악수를 해주셨다. 나는 K강사님과 악수한 오른손을 1주일간 씻지 않았다. 그 뒤 6개월 후 다시 부산 벡스코에 강연을 오신 적이 있다. 1번으로 가서 3시간 전에 기다렸다. 흑장미 백송이로 만든 꽃다발과 난을 사서 전해드렸다. 나에게 강사의 꿈을 심어주시고, 강사의 길로 살아가게 용기를 주신 분이기 때문이다.

그때도 나의 이름을 불러주셨다. 강연하는 2시간 동안 제일 앞자리 중간에 앉아 감격의 눈물을 줄줄 흘리며 강연을 들은 기억이 난다. 강사님과 사진도 같이 찍어 액자에 넣어 거실에 걸어두었다. K강사님은 피아노 학원 성공 사례로 강사의 삶을 27년간 살아온 분이시다. K강사님과 함께 강연하는 날을 마음속으로 그리며 하루하루 살아가고 있다.

그 뒤 심수봉 선생님이 양산 실내체육관에서 공연을 하셨다. 내가 사랑하는 분이다. 선생님의 노래 〈그때 그 사람〉은 비오는 날에 생각이 많이 나는 노래다. 애절한 목소리로 노래를 부르며 경쾌한 댄스를 보여주셨다. 큰 감동을 받았다. 예전에 가끔 전남편과 〈백만송이 장미〉를 듣기도 했었다.

나훈아 선생님도 10년 만에 전국 순회공연을 다니신다고 하시며 양산에 오셨다. 꽃다발과 난을 아침 7시에 찾아와 오후 2시 공연인데, 아침 7시부터 공연장 앞에서 줄을 서서 기다렸다. 여름이라 맛있는 콩국 한 박스를 주문해서 스텝에게 전해드리니 배탈이 날 수 있다며 정중히 사양하셨다. 그래서 그때 부산에서 온 팬클럽 단체에게 콩국을 드렸다. 공연이 끝날 때까지 감동의 함성소리를 지르며 물개 박수를 미친 듯이 쳤다. 80세라는 나이가 아무런 장애가 되지 않으셨다. 이 공연을 위해 6개월 동안 헬스장에서 몸을 만드셨다고 하셨다. 무대의 뜨거운 열정과 심금을 울리는 목소리는 그 누구도 따라 할 수 없는 태산 같은 분이다. 난 참 복이 많다. 한 해에 4번이나 성공하신 강사님, 가수 20분을 가까이에서 보고 그분들의 삶의 열정과 좋은 기운을 받아 나도 열심히 인생을 살아갈 수 있어 행복한 한 해가 되었다.

월요일, 화요일 정보영 스피치 수업을 마치면 부산 시민공원에 가서 '세상에 공짜 돈은 없다'는 주제로 강연을 했다. 어느 날은 양산가는 지하철 막차 시간까지 하고 돌아왔다. 비가 오는 날엔 지하도에서 지나가는 사람들을 대상으로 강연을 했다. 부산에서 양산으로 돌아오는 지하철 안에서 지하철 직원의 눈치를 받으며 강연을 하기도 했다. 내 얘기를 듣고, 내 용기를 보시고, 50대 중년 남자분은 물개 박수를 보내 주시고, 한 어머니는 눈물을 흘리기도 하셨다. 나에게 응원의 박수를 보내주신 그분들에게 머리 숙여 감사드린다. 택시기사님 대기실에도, 약사님들에게도, 떡집에서도 강연을 했다. 아침에 일찍 일을 나가 오후 2시에 마치면, 3시간 정도 시간의 틈이 생긴다. 그때 논에서 일하고 계신 엄마, 아버지를 찾아가 강연을 하고 돌아와 다시 오후 7시에 일을 나갔다. 길에서 잔디를 심고 계시는 엄마, 아버지께도 강연을 했고, 노인정을 20곳을 찾아가 나의 이야기를 들려드렸다. 댄스 교육장에 가서도 강연을 했다. 사회자님께서 강연할 수 있는 기회를 내게 주셨다. 대기업 교육 담당을 하셨다고 "천천히 살아온 이야기를 해봐."라고 조언도 아끼지 않으셨다. 그분들이 있었기에 내가 강사로서의 꿈을 가슴에 품고 살아갈 수 있었다.

정보영 스피치 학원의 도움으로 TV 뉴스에 행사장에 참여한 나의 모습이 나온 적이 있다. 10만 원의 수고비를 받았다. 그 돈과 10만 원을 더 합해 양산 소녀가장에게 전해달라고 동사무소에 기부를 했다.

주식 투자에 실패하여 나는 딸과 함께 엄청난 가난의 고통과 배고픔의 20년 세월을 견뎌내야만 했다. 그때 신용불량자의 삶을 살기도 했다. 그래서 나는 내 삶을 바꿔준 컨트리에 감사하는 마음이 누구보다 강하다. 고객들에게 누구보다 친절하게 대하고 따뜻한 마음으로 고객들을 섬기는 이유는 어려운 시기를 이곳에서 넘겼기 때문이다. 그래서 나는 입사 후 7년 동안 청소 당번하는 동생들에게 점심 밥값으로 만 원씩 꼭 챙겨주었다. 부산시민공원 강연을 마치고 양산으로 돌아오는 지하철 안에서 70세가 넘으신 엄마, 아버지를 보면 만 원씩 꼭 드리고 온다. "맛있는 것 사 드세요!" 하면서 드린다. 그것은 내가 우리 엄마, 아버지에게 효도하지 못한 죄책감을 덜기 위한 마음에서다. 지하철 속 자식 키우시느라 평생 고생하신 할머니, 할아버지는 다 우리 엄마, 아버지시다.

소녀가장들에게 도움을 줘야 한다는 생각이 내 마음속에 있다. 내가 단돈 만 원이 없던 적이 있었기 때문이다. 전기, 수도가 끊기고 3일 동안 수돗물로 배를 채워도 봤고, 6개월 동안 라면 한 봉지로 한 끼만 먹고 끼니를 연명하기도 했다. 가난의 고통을 누구보다 잘 알기에 조금 생활의 여유가 생기면 소녀가장들에게 많은 도움을 주는 강사가 되고 싶다. 가장 어려울 때 동사무소에 도움을 받은 사람으로서 여유가 조금 있다는 생각이 들면, 동사무소에 10만 원 씩, 20만 원 씩 기부를 했다.

작가로, 1인 창업가로 우뚝 서게 되는 날 소녀가장장학재단을 만들어 소녀가장에게 도움을 주는 희망의 빛이 되고 싶다.

6

남과 다른 인생을 살아라

가장 용기 있는 사람은 자신이 가지고 있는 아픔과 힘든 과거를
뒤로하고 희망과 꿈을 위해 사는 것이다.

– 《기적수업》 구세주 김도사 –

지금까지 54년을 살아오는 동안 난 항상 뭔가 배움에 굶주린 하이에나
같은 인생을 살았다. 학원을 다니지 않으면 불안하고, 뭔가를 배우고 있
지 않으면 남에게 뒤처지는 느낌이 들었다. 마산여상 야간고등학교를 나
와서 인지 항상 자격지심이 나를 따라 다녔다.

85년 경남은행에 입사를 하자마자 현모양처가 되어야지 하는 생각으
로 한국방송통신대학 가정학과 6년 과정을 등록했다. 첫 발령지는 마산
창동에 있는 경남은행 부림동 지점이었다. 첫 업무는 출납 업무였다. 어
느 정도 업무를 익혔을 때 예금 창구 업무에 배치되었다. 부림 시장 안에

있는 지점이라 부림 시장의 상인 고객이 대부분을 차지했다. 어렵게 고등학교를 나와 은행에 들어온 만큼 고객들에게 밝은 표정과 친절하게 업무처리를 해드렸다. 시장 안에서 고생하시는 엄마, 아버지라 생각하며 가족처럼 모셨다. 3년 정도 부림동 지점에서 열심히 은행 생활을 하며, 방송통신대학 출석 수업도 친구들을 사귀며 진주 학습관, 마산 학습관, 창원 대학에서 수업을 받았다. 대학 생활은 회사의 눈치를 보며 휴가를 내서 공부하는 만큼 열심히 했다. 비가 내리는 날 창원 대학에 출석 수업으로 바느질을 하던 기억이 난다. 체육회 날 계단에 옹기종기 앉아 노래를 부르기도 했다. 나는 그때 최성수 가수님의 〈애수〉와 〈해후〉를 불렀던 기억이 난다. 인연의 끈이 긴 탓인지 시험기간에 마산 학습관에서 K와 우연히 마주쳤다. 그도 통신대학에 입학을 했다고 했다. 서로 시험을 잘 보라고 얘기했다. 내가 결혼을 한 직후라 그는 더 이상 말을 걸지 않았다. 그는 아픔을 표현하지 않았다. 난 그날 시험을 어떻게 봤는지 잘 기억이 나지 않는다.

상가 분양을 할 무렵 3년 동안 아침 8시부터 밤 11시 반까지 전단지와 명함을 양산, 부산, 창원, 마산, 울산 기업체 사장님들께 직접 찾아가 전해드렸다. 상가 분양으로 번 1억 원을 나는 자기 계발비로 사용했다. 주식 투자에 실패하고 엄청난 고통을 겪고 살아왔기에 그다지 형편이 나은 것은 아니었다. 하지만 내가 일어날 수 있는 단 한 가지 방법은 배워야 한다는 것이었고 그것이 내 운명을 바꿀 수 있다는 생각밖에 없었다. 3개월 동안 토요일과 일요일, 〈한국경제신문〉에서 주최하는 디벨로퍼 자격증을 따기 위해 양산에서 지하철을 타고 부산 가서 KTX를 타고 서울역에 도착해 다시 택시를 타고 한국경제신문사에 도착해 수업을 들었다. 3개월 뒤 디벨로퍼가 되었다. 배움은 거기서 그치지 않고, 부산 동의대 부동산 최고 과정 6개월 과정을 등록해 단 하루도 빠짐없이 수업을 듣고 수료증을 받았다.

상가 분양에 자신감이 생겨 골프를 배워야겠다는 생각을 했다. 더 큰 계약을 성사시키려면 부자를 만나야 한다고 생각했다. 부자를 만나기 위해서는 골프를 칠 줄 알아야 한다. 그래서 상가 분양 업무를 마치면, 1년 동안 365일을 부산 화명동 실내 체육관에 비가 와도 가서 오후 10시까지 연습을 했다. 그 1년의 노력이 12년의 캐디 생활의 발판이 되어주었다. 사람의 운명은 어떤 식으로 탈바꿈될지 모른다. 우리는 느끼지 못하지만 내 마음이 시켜서 했을 뿐인데, 시간이 지나고 난 뒤에 되돌아보면 내 인생의 또 다른 기회를 내가 만들어가고 있는 것이다. 노력 중에 헛된 노력이란 없다. 지금 내가 뭔가를 이루어냈다면 그것은 내가 10년 전에 혹은 5년 전에, 3년 전에 던져놓았던 노력의 씨앗들이 자라나 결과로 다가왔을 뿐이다. 세상에는 헛된 노력은 절대로 없다. 당장 눈앞의 결과에만 집착하지 말자! 우리의 인생은 긴 마라톤과 같다. 길고 짧은 것은 시간이 지나보면 다 알 수 있다.

부림동 지점 생활 3년 후 본점 심사부로 발령이 났다. 그때 대기업의 부도로 한창 업무가 바빴다. 6개월 정도를 아침 7시 출근해서 새벽 2시에 퇴근을 했다. 1년 후 경남은행 본점 비서실로 발령이 났다. 야간고등학교를 졸업한 내가 비서실에 입성한 것이다.

비서실에서 3년 동안 S감사님을 모셨다. 비서실이라 꽃을 꽂아야 했으므로 꽃꽂이를 6년 배웠다. 검사부 직원들을 항상 따뜻하게 대하시는 감사님은 충청도에서 서울대학교를 나오신 재원이시다. 6년 정도를 모셨다. 항상 비서인 나를 따뜻하게 배려해주셨고, 감사님은 수필가이기도 하셔서 가끔 감사님이 쓰신 책을 읽을 때도 있었다.

아직도 감사님이 쓰신 문구가 30년이 지나도 생각이 난다. 진달래꽃에 대한 시 표현이었다. "울긋불긋한 꽃잎, 오그라드는 듯한…." 이런 내용이었다. 감사님은 감성이 풍부하신 분이셨다. 프리지어 꽃잎을 말려 S감사님 앨범에 넣어드렸다.

내 나이 26살 때 결혼식이 끝나고, 신혼집에 한번 와보시지도 못한 엄마는 간암 말기 선고를 받고 3개월 뒤에 55세의 젊은 나이로 돌아가셨다. 결혼식 전날 감사님께서 축하금으로 봉투에 50만 원을 넣어 내 손에 쥐어주시며 필요한 것을 사라고 하셨다. 다음 날 사모님과 함께 결혼식장인 마산 문화원까지 와주셨다. 엄마가 돌아가셨을 때에도 경남 진해 우리 집까지 문상을 와주셨다. 그리고 내가 결혼 후 시외 지점에 근무할 때 사모님과 함께 시외 지점까지 오셔서 맛있는 것을 사먹으라며 10만 원권 수표 5장을 주고 가셨다. 은행을 명예퇴직하고 6개월 정도 꽃집을 한 적이 있었다. 그때도 꽃집까지 직접 오셔서 딸 초등학교 입학할 때 가방을 사주라며 50만 원을 주고 가셨다. 6개월 후 양산 영산대 실내디자인 학과에 편입하면서 꽃집을 접었다.

30년이 지난 지금 생각해보면 S감사님께 내가 받은 것이 너무 너무 많다. 내가 S감사님께 해드린 것은 고작 갑상선암으로 고생하실 때 분당에 계신 S감사님을 왕복 4시간 거리의 서울역 명동성당 앞까지 오시게 해 점심 대접해드린 것이 아니라 오히려 회를 얻어먹었다. 그때 편하게 있다 가라고 호텔비도 카드로 결재하시고 분당으로 돌아가셨다. 하루 요금을 물어보니 30만 원이라고 했다. 순간 당황하여 카드를 취소해달라고 호텔 직원에게 부탁했다. 그리고 찜질방에서 자고 내려온 기억이 난다. 그때 떡을 싸가지고 가서 환자인 사장님 손에 쥐어드리고 왔다. 나도 참 철이 없었다. 몸에 좋은 홍삼이라도 사드려야 하는데 내 생각이 부족했다.

S감사님을 뵌 지 17년이 지났다. 딸이 대학을 마치고 54년을 살다 보니 이제 나를 위해 살아가고 싶다는 생각을 많이 했다. 3년 전 한 달 휴가를 내서 부산리드에서 강사 교육을 받고 강사 자격증 4개를 취득하여 강사의 길을 조금씩 조금씩 닦아가고 있었다.

2020년 1월 19일 〈한책협〉 김도사님을 만나러 분당에 갔다. S감사님께 1일 책 쓰기 특강을 들으러 분당에 왔다고 문자를 드렸다. 특강 수업이 저녁 8시가 넘어 끝이 감사님을 뵙지 못했다. 내가 조금 서둘렀다면 감사님을 뵐 수도 있었을 것이다. 하지만 〈한책협〉 김도사님 강연에 푹 빠져 시간이 지체되었던 것이다. 그 뒤 전 세계 코로나 확산으로 화상수업을 진행하게 되어 감사님을 만나 뵙지 못했다. 뒤에 코로나가 사라지면 꼭 한 번 찾아뵈어 식사 대접을 하고 싶다.

감사님은 내 인생에서 유일하게 나를 격려해주시고, 아껴주시고 칭찬해주신 첫 번째 은인이자 멘토시다. 23살 경남은행 비서실에서 상사와 비서로 만나 30년이 지난 지금도 카톡으로 안부 전화를 드릴 수 있어 너무 감사하게 생각한다. 머지않아 내가 성공하는 날 S감사님께 은혜를 갚고 싶다. 받기만 하고 단 한 번도 갚은 것이 없어 죄스러운 마음 금할 길이 없다. 100세까지 기회가 닿는다면 S감사님과 라운딩도 함께하며 조금이나마 건강하게 여생을 보내게 해드리고 싶다.

"S감사님! 은혜 감사드립니다!"

　경남은행 중리 지점에 근무할 때 오후 9시에 업무를 마치고, 나는 메이크업 자격증을 따기 위해 마산 시외버스 터미널 옆 메이크업 학원에 3개월을 다녔다. 어떤 여직원은 경남은행에 사표를 내고 메이크업 강사가 되어 있었다. 그녀도 충분히 고민하고 결정을 내린 선택일 것이다. 그녀의 용기에 박수를 보냈다. 브러쉬 가격이 50만 원이고, 아이섀도우 가격이 30만 원이었던 기억이 난다. 비싼 수강료도 부담스러웠다. 하지만 3개월 뒤 메이크업 자격증을 취득했다. 24년이 지난 지금 나는 유튜브 〈문수빈TV〉에 올려놓았다. 봄, 여름, 가을, 겨울 메이크업을 200명이 보았고, 8명이 좋아요를 눌러주었다. 유튜브를 봐주신 조회자님께 감사드린다. 내가 이 글을 쓰는 이유는 24년 전에 배웠던 메이크업을 24년이 지난 지금 전 세계인이 보는 유튜브에 올리는 시대가 되었기 때문이다. 사람의 운명은 어떻게 될지 모른다. 3개월 뒤 내 책이 출판되고, 1인 창업가로 네이버 카페 〈한국캐디양성사관학교〉가 활발하게 운영하고, 내실을 다져나갈 때 쯤 〈아침마당〉에 출현하게 될지, 〈세바시〉에 출현하게 될지, 〈행복플러스〉에 출현하게 될지, 아시아나항공 광고 모델로 파일럿 이동진과 함께 나란히 서 있을지 아무도 모르는 일이다. 내가 상상하는 것이 현실이 된다는 기적을 나는 믿는다. 의식 확장으로 끝에서 시작하고, 잠재의식에 내 꿈들을 심어놓으면 된다.

자신의 천직을 알고 싶다면 010-5019-3548 문수빈에게 전화하기 바란다.

자신의 인생을 완전히 바꾸고 싶다면 문수빈에게 전화하기 바란다. 54년 처절한 일생을 살아내고, 36년간의 직장 생활의 노하우로 당신의 운명을 바꿔줄 것이다. 성공해서 책을 쓰는 것이 아니라 책을 써야 성공한다는 진리를 〈한책협〉 김도사님을 만나 알게 되었다. 상상의 힘으로 생각이 현실이 되어 나타남을 알게 되었다. 그것이 내 운명을 바꾸는 비법이다.

7

세상은 나의 내면의 거울

지금 이 순간에 목숨을 걸고 진정 최선을 다하라.
그러면 우주는 그다음 순간을 위한 가장 좋은 장소로 당신을 인도하게 된다.

− 《기적수업》 구세주 김도사 −

주식 투자의 실패는 딸과 나의 삶을 황폐하게 만들었다. 아무런 희망
도 꿈도 가질 수 없을 만큼 삶은 찌들어갔고, 딸의 자존감은 한없이 짓밟
혔다. 우리는 엄청난 가난의 고통과 뼈아픈 시련과 인내할 수 없을 만큼
의 배고픔을 긴 시간 동안 참아내야 했다.

딸이 중학교를 다닐 때 K담임 선생님을 만났다. 딸의 첫 번째 은인이
자 멘토는 아마 그 선생님이 아닐까 하는 생각이 든다. 선생님은 우리의
현실을 잘 헤아려주셨다. 딸에게 상처를 주지 않으려고 애써주셨고, 딸
의 자존감을 지키고자 많이 배려해주신 분이다. 딸이 고등학교를 졸업할

때까지 염려를 놓지 않으신 선생님이다. 딸이 대학을 졸업할 때 양복을
한 벌 해드리고 싶었다. 우리가 가장 어려울 때 딸의 담임 선생님이셨고,
우리에게 관심과 격려를 잊지 않으신 분이기 때문이다. K선생님께 머리
숙여 감사드린다. 언젠가 딸과 1인 창업으로 성공하는 날 꼭 찾아뵙고 은
혜를 갚고 싶다.

　양산 신도시로 이사를 했다. 맥부동산에 기본급을 받고 취업을 했다.
5명 정도 같이 입사를 했다. 그때 나는 진해 코아루 아파트 분양권을 담
당했었다. 명의 이전을 담당했다. 양산 신도시의 아파트와 상가들이 이
제 막 삽을 뜬 상태였다. 어느 날 K가 분양권 매매를 위해 맥부동산에 찾
아왔다. 경남은행에 다닐 때 한국방송통신대학 마산 학습관에서 시험 칠
때 보고 10년만의 재회였다. 그는 냉정하게 분양권만 얘기하고 떠났다.
당연한 것인데도 나는 그날 조퇴를 했다. 마음이 어수선해서 일을 할 수
가 없었다.

　그 뒤 양산 신도시 위너스 타워 사무실에 급여를 받고 일을 하게 되었
다. 아침 8시부터 오후 11시 반까지 퇴근하지 않았다. 전국 기업체 사장
님들께 상가 분양 팜플렛과, 명함, 그리고 안내문을 우편으로 보냈다. 1
년 동안 딸을 분양사무실에 두고 나는 이마트가 문을 닫을 때까지 퇴근
하지 않았다. 하늘도 내 노력을 아는지 어느 날 아침 1층을 통으로 다 계

약을 했다. 회장님께서 수고했다고 150만 원을 봉투에 넣어주셨다. 감사했다. 상가가 거의 계약이 끝나갈 무렵 상가 분양 직원을 뽑는 공고가 있었다. 물론 기본급은 없지만 계약하는 만큼 수수료를 받는 것이 나는 좋았다. 비록 수중에 돈은 없지만, 나는 내가 이렇게 영업력이 뛰어난 줄은 몰랐다. 나는 쌍용자동차 영업을 3년 하는 동안 매월 5대는 기본으로 계약을 했고, 어떨 때는 한 달에 10대를 계약하기도 했다. 계약해주시는 고객님들의 생일까지 일일이 챙겨드렸다. 그래서인지 고객님이 지인, 가족까지 소개해주셨다. 너무 감사했다. 그래도 어려운 시기에 딸과 나에게 숨을 쉬게 해주신 분들이다.

이력서를 들고 상가 분양 사무실로 찾아갔다. 3년간의 쌍용자동차 영업력이 있었기에 상가 분양이 어렵다고 생각해본 적은 없다. 영업은 원래 뿌린 대로 거두는 농부의 심정이라 내가 한 만큼 성과가 올라오는 것이다. 내가 영업력이 있는지 없는지를 알고 싶다면 무슨 영업이든 해보는 것이 중요하다. 그러면 자신도 모르는 자기 안의 거인을 깨우게 된다. 나 역시 영업을 해보지 않았다면 내가 영업력이 있는지 알 수 없었을 것이다.

상가 분양 영업을 시작한 첫 달 나는 기업체 사장님과 교장 선생님, 약사님을 타깃으로 영업을 했다. 상가 분양 파일을 만들어 일일이 기업체 사장님을 찾아갔다. 부산, 울산, 마산, 창원, 진해, 양산, 김해 내 팸플릿과 명함이 가지 않은 곳은 없다. 심지어 아파트와 오피스텔 분양하는 데까지 쫓아다녔다. 첫 달 내 영업 수수료는 1,300만 원이었다. 첫 수당을 받은 날 직원들에게 식사하라고 50만 원을 드렸다. 그리고 책을 10권을 사서 예쁘게 포장을 해서 감사의 카드를 써서 드렸다. 양산 신도시 상가들이 분양이 끝나갈 무렵 부산 덕천동 폴라렉스로 직장을 옮겨갔다. 양산에서 같이 근무했던 엄마 B와 같이 갔다. 그분은 열정적으로 인생을 살아가시는 분으로 젊은 사람들보다 10배 노력을 하는 분이셨다. 엄마 B와 함께라면 두려울 것이 없었다. 마음까지 따뜻해 같이 일하는 1년 동안 행복한 직장 생활을 할 수 있었다. 12년이 지났으니 칠순이 훌쩍 넘으셨다. 뒤에 한 번 뵐 수 있기를 소망한다.

덕천동 폴라렉스 역시 기업체 사장님들을 일일이 찾아가서 팸플릿과 명함을 전해드렸다. 그때 당시 생활이 어려워 핸드폰 요금을 내지 못해 딸의 핸드폰을 가지고, 부산 해운대 오피스텔 분양사무실에 새벽 6시에 가 있었다. 계약을 하기 위해 줄을 끝이 보이지 않을 만큼 서 있었다. 서 있는 고객들에게 전단지와 내 명함을 일일이 전해드리고 있었다. 그때 C 부사장님께서 내게 이렇게 말씀하셨다. "내일 아침 7시에 오피스텔 계약을 해야 하는데 중요한 회의가 있어서, 대신 와서 줄을 좀 서줄 수 있겠소?" 나는 당연히 "해드리겠다."라고 대답을 했다. 그렇게 인연이 되어 다음 날 오피스텔 계약을 하시고 난 후 덕천동 폴라렉스 커피숍 18억을 계약해 수당으로 5,000만 원을 받아 인생의 한숨을 돌릴 수 있었다. 하늘은 노력하는 자에게는 반드시 복을 준다는 것을, 내가 노력한 만큼 내가 뿌린 만큼 수확을 거둔다는 것을 알게 되었다. 감사하는 마음에 같이 일한 직원에게 50만 원을 식사하라고 전해주었고, 현장에서 일하시는 고마운 분들에게 막걸리와 돼지머리 수육과 부추전을 넉넉하게 전해드렸다. 그분들의 노고가 있었기에 내가 돈을 벌 수 있었다. 내 형편이 어려워 상사를 챙기지 못한 죄책감도 있다. 계약 후 C부사장님 회사에 떡과 화분을 선물해드렸다. 그리고 백화점에 가서 손지갑을 사서 전해드렸다. 부자들은 돈이 많다는 것을 표내지 않는다. 18억을 계약하러 오신 날 20년이 넘은 소나타를 타고 오셨다. 부자는 항상 돈을 자랑하지 않고 검소하며 돈을 더 소중하게 다룬다. 상가 분양을 하면서 돈이 많은 분들의 검소함을 보고, 부자의 그릇을 실감할 때가 많았다. 돈의 소중함을 아는 것이 부자의 첫걸음이라는 깨달음을 받았다.

내가 지금 가난하다면 내가 가난할 수밖에 없는 원인이 있게 마련이다. 나는 주식 투자 실패로 20년의 세월을 돌아 여기에 서 있다. 부자의 그릇이 컸다면 마산 중리현대 아파트와 퇴직금 1억을 지켜냈을 것이다. 돈은 벌어도 내가 부자의 그릇이 작았기에 난 돈을 지켜내지도 관리하지도, 키우지도 못하고 열손가락 사이로 다 흘려보냈다.

4년 전 양산 아파트 붐이 일었다. 딸을 대학 공부시키느라 마음의 여유가 없었다. 한참 아파트 분양권이 1억을 넘어가고, 나는 끝물에 아파트를 프리미엄 없이 분양권을 샀다. 처음에는 돈을 벌어 입주를 해야지 하는 꿈이 있었다. 딸에게 "엄마가 돈 벌어 입주할게."라고 했다. 하지만 나이가 나이인지라 체력이 예전만큼 따라주지 않았다. 손가락의 통증이 심해가고 허리 디스크의 통증은 날로 심해져 오른쪽 허벅지 뒤로 송곳으로 내리 찍는 고통을 인내해야만 했다. 2개월마다 창원 병원에 가서 통증 뼈 주사를 맞아야 일을 할 수 있었다. 일을 하다 통증이 심해 주저앉아 울기도 했다. 돈은 벌고 싶지만 내 마음대로 벌어지지 않았다. 아파트의 소망은 허리 통증과 함께 사그러들었다.

하늘이 내게 인생의 기회를 주셨다. 아파트 분양권 프리미엄이 3,500만 원이 올라 있었다. 일단 분양권을 팔았다. 하지만 또 내 마음의 욕심을 나는 이기지 못하고 다시 분양권 2개를 샀다. 하지만 욕심이 또 화를 불렀다. 프리미엄 5,000만 원이 되면 팔아야지 하는 욕심에 나는 덜컥 분양권을 사버렸다. 또 이렇게 내게 온 기회를 잡지 못했다. 한번은 중도금 대출이 되었지만, 급여 증명이 안 되는 나의 직업상 두 번째는 중도금 대출이 되지 않았다. 그때 분양권을 2개 산 것이 화근이 된 것이다. 통장에 4,500만 원이 찍혔다고 딸에게 자랑을 하고 1시간 만에 나는 프리미엄 3,500만 원과 마이너스로 3,000만 원까지 가격을 내려 헐값에 부동산에 물건을 내놓았다. 나는 욕심으로 1시간 만에 6,500만 원을 날린 여자다. 주식 투자 실패로 20년을 고생했던 나는 부자의 그릇과 올바르지 않은 경제관념으로 또 한 번 실패를 경험했다. 오빠에게 찾아가 부탁을 했다. 지금 프리미엄 3,500만 원을 벌었는데 대출이 안 된다고 도와달라고 했다. 큰언니에게도, 남동생에게도 부탁을 했다. 하지만 가족들은 세상에 공짜 돈이 없다는 것을 알기에 거절했다. 난 그때도 정신을 차리지 못했다. 세상에는 공짜 돈이라는 것이 없다. 내 분수에 맞지 않는 돈은 화를 부르게 되어 있다. 현재의 내 돈을 목숨 걸고 지키는 것이 54년 인생에서 실패의 아픔을 겪고 깨닫게 된 20년의 세월을 낭비하지 않는 비법이다. 또한 내가 이 책을 쓰는 이유이기도 하다.

8

나는 나로 살기로 했다

지금 처한 현실이 밤처럼 깜깜하다고 해서 좌절하거나 절망하지 마라.
어둠이 사라지고 태양이 떠오를 테니까.

- 《기적수업》 구세주 김도사 -

43세에 부산 화명동 골프 연습장에서 1년 동안 365일 연습한 것을 가지고, 이력서를 들고 캐디가 되겠다고 굽이굽이 국도를 지나 산속에 있는 1시간 거리의 컨트리를 찾아갔다. 처음 갔을 때는 왕복 2시간 거리의 직장에 잘 다닐 수 있을까 하는 생각도 했다. 입사할 때는 차도 없었다. 딸을 고등학교, 대학교, 그리고 미국 유학을 보내겠다는 부푼 꿈을 안고 컨트리에 찾아갔기에 당장 찬물, 더운물을 가릴 때가 아니었다.

면접 당시 경기과 H과장님께서는 15년 동안 나이가 43세인 사람을 입사시킨 적이 없으시다며 "나이가 많아서."라는 말씀을 10번은 하신 것 같다. 나는 "경남은행을 15년 근무했고, 쌍용자동차 영업 3년과 상가 분양 영업 3년 총 6년의 영업을 해본 사람입니다. 본점 비서실에 3년을 근무했습니다. 고객 서비스는 누구보다 자신 있습니다. 실망시키는 일은 없을 겁니다!"라고 자신 있게 나를 어필했다. 사실 나는 고객 서비스에서 2인자라고 하면 서러워하는 사람이다. 그만큼 자부심을 가지고 36년 직장생활을 한 사람이었다. 그때 옆에서 같이 면접을 보시던 S마스터님은 아무 말씀도 하지 않으셨다. 나를 합격시켜주신 분은 S마스터님이 아닌가 하는 생각을 한다. 그때 마스터님이 "No!"라고 했다면, 나는 캐디라는 정년 40세의 직업에 다시 도전하지 않았을 것이다. 1인 창업가로 성공하는 날 꼭 찾아뵙고 은혜를 갚고 싶다. 딸을 대학 졸업시키고 난 뒤에는 S마스터님께 마음속으로 '마제스티 클럽 한 세트를 사드려야지.' 하는 생각을 갖고 있었다. 그러나 몇 년 전 마스터님이 갑자기 회사를 그만두게 되어 제대로 감사 인사도 나누지 못했다.

2개월의 교육 과정을 마치고 드디어 캐디가 되었다. 교육 중간에는 너무 긴장한 탓에 차분하게 일을 하지 못했다. 특히 지금의 카트가 아닌 수동 카트였기 때문에 18홀을 걸어서 라운딩 교육을 했고, 내리막과 오르막 경사에 수동카트를 운전하는 것은 여간 조심스러운 것이 아니었다. 교육 중에 한 교육생이 수동카트 작동 미숙으로 나에게 카트가 돌진한 적이 있다. 교육생이라 운전 능력이 미숙한데 카트에 내 다리가 끼어 타박상이 심했다. 3일 정도를 병원 치료를 하며 집에서 쉬었다. 그만 하기 천만다행이었다.

처음 기숙사를 배정 받은 날 K와 한 아파트에 4명이 같이 들어왔다. 이불과 옷가지 몇 개와 그릇과 칼, 도마 살림 도구들을 챙겨왔다. 그때 내 수중에는 단돈 만 원이 없었다. 동생들이 마트에 장을 보러 가자고 했다. 그때 K에게 3만 원을 빌렸다. 그 돈은 보름 뒤에 갚았다. 그만큼 나의 처지는 힘든 상태였다. 하지만 교육 기간 2개월 후면 나도 한 달에 4백만 원은 기본으로 벌고, 독하게 마음먹고 일하면 한 달에 500만 원을 벌 수 있다는 희망으로 교육을 무사히 마치기를 손꼽아 기다렸다. 1월 말에 입사해서 3월 23일 정도에 일할 수 있는 번호를 받고 사장님께 번호를 받았다고 인사를 드렸다. 그렇게 힘든 과정은 아니었다. 하지만 교육을 시키는 사람의 마음은 그렇지 않았다. "언니, 다른 직업을 구해보는 건 어때요?"라고 말했다. 하지만 나는 가장이고, 딸을 고등학교, 대학교를 공부시켜야 하고 또 미국 유학을 보내야 하는 중요한 과업이 있어 아무 말도 하지 않았다. 난 누구보다 돈이 절실했고, 이 직장이 절실했다. 하지만 지금 12년째 이 일을 정성을 다해 고객을 섬기며, 내가 이 골프장의 사장이라는 마인드로 즐거운 마음으로 직장 생활을 하고 있다. 시골이라 그런지 마음 따뜻한 고객들이 대부분이다. 가끔 경남은행 비서실에서 모신 K행장님과, L행장님을 모실 때가 있다. 처음에는 부끄러워 숨기도 했고, 현재 나의 상황을 비관도 했다.

B회장님과 사모님을 존경하는 편이다. 그분은 가난한 시골 출신으로 과외로 대학 등록금을 마련해서 고려대학교를 졸업하고, 대기업 중공업 현장 팀장을 거쳐 대기업 회장님이 되신 분이다. 4개국 외국어에 능통하며, 사모님은 학교 선생님 출신으로 소녀 감성을 가지고 계신다. 평소 존경하는 마음이 있어 가끔 라운딩을 나가게 되면 포도즙이나 대추즙 한 박스를 차에 넣어드리곤 했다. 참 보고 싶은 분들이다. 나는 사모님들과 친숙하게 지내는 편이다. 특히 J사모님, B사모님, C사모님은 "골프화라도 사라."라고 하시며 10만 원씩 주고 가기도 한다. 12년 컨트리 보조원으로 일한 보람이 느껴진다. 가끔 블루베리를 직접 키워 한 박스씩 보내주시기도 한다. 사모님 베풀어주신 은혜에 감사드립니다!

나이가 좀 있는 상태에서 입사해서 그런지 나는 항상 주눅이 들어 있었다. 딸을 대학까지 공부시켜야 하기에 항상 더 열심히 페어웨이 구멍이 난 잔디를 메우는 디봇트를 해야 한다고 생각했다. 어떨 때는 컴컴한 밤에 페어웨이를 카트 불빛에 비추어 디봇트를 하기도 했다.

사람이 꿈과 목표가 있으면 시간이, 세월이 눈 깜짝할 사이에 금방 지나간다. 나는 12년간의 컨트리 보조원 생활을 하면서 8년 동안 돈을 벌기 위해 1년에 딱 5일 회사에 휴가를 냈다. 회사 동생이 내게 물었다. "언니는 왜 휴가를 안 써요?" 하지만 난 대답 대신 그냥 웃었다. 1년에 단한 번 엄마 제사 7월 7일 기점으로 5일 휴가를 냈다. 8남매 가족들이 엄마 제사 때 오빠 집에 다 모인다. 그리고 설날과 추석날 가족들을 만날수 있다. 제사가 끝나면 4일 동안 병원에 입원해서 링겔을 맞았다. 일하던 사람이 일을 안 하고 쉬면 몸이 엄청 아프다. 몸살을 심하게 앓는 것이다. 그렇게 쉬어야 또 힘을 내서 일을 할 수가 있다. 1년에 한 번 양산우리 집에 갔다. 비가 와서 휴장이 되면 잠깐 양산에 내려가 딸의 얼굴을보고 다시 회사로 돌아왔다. 단 하루라도 내 일을 남에게 내어주지 않았다. 그리고 내 돈을 남에게 양보하고 싶지 않았다. 비가 와도 눈이 와도나는 단 한 번도 쉬지 않았다. 내 고객이 캔슬을 내면 동생들의 일을 받아 나갔다. 비를 맞고 일해도 난 딸을 대학을 보낸다는 자부심으로 힘들지 않았다. 눈이 와 카트가 지그재그로 미끌어지는 위험 속에서도 나는캔슬을 요청하지 않았다. 오히려 경기과에 눈치가 보였다. 나는 딸의 대학 등록금을 벌어야 했기에 비가 와도 눈이 와도, 아파도, 아파서도, 아플 수도 없는 그런 엄마였기 때문이었다. 오히려 그런 날에는 고객들에게 더 신경을 써서 일을 했다.

4년 전 딸을 대학을 졸업시키고, 이제는 내 인생을 살아야겠다는 생각을 했다. 50살이 된 지금 이제는 강사 자격증을 따서 은행에서 서비스 강사로 살아가야겠다는 생각을 했다. 나는 뭐든 실행을 하고 보는 성격이다. 그날 부산에 있는 강사 학원에 전화를 했다. 1개월 과정이 있었다. 교육비 80만 원을 그날 송금했다. 그리고 회사에 한 달 휴가를 내서 매주 월요일부터 금요일까지 성희롱 예방 교육 과정, 법정 의무 과정, CS 과정, 컬러 진단 과정을 하루도 빠짐없이 수업을 받았다. 교육생들은 주로 직업이 회사원, 연극배우, 은행원, 대학원생들이었다. 수업을 무사히 마치고 시험과 강연 실습을 통해 자격증을 취득했다. 그리고 좀 더 나은 강사가 되기 위해 8개월 동안 부산 서면에 있는 정보영 스피치 학원에서 K 강사님께 수업을 받았다. 그리고 4개월 정도 서면 박코치 영어학원에 다녔다.

돈을 모아 세계 일주하는 것이 버킷리스트다. 54년을 살아오면서 내가 정복하지 못한 산은 수학과 영어다. 그래도 2018년 1월에 캐나다 여행을 혼자 10일 동안 다녀왔다. '센스 톡'이라는 영어 번역기를 20만 원에 구입했다. 내가 필요한 말이나 글을 한국말로 얘기하면 영어로 번역이 되어 핸드폰 화면에 나타난다. 물론 영어를 할 줄 몰라 캐나다에서 "No speaking.", "Thank you."만 외치다 왔다. 그리고 캐나다 항공 승무원들에게 영어로 "You are the best, It was a happy trip."이라고 메모를 전해주었다. 혼자 떠나는 캐나다 여행은 두려웠지만, 70살까지 계속 돈을 모아 세계일주를 할 생각이다. 사람은 언제 죽을지 모르기 때문이다. 딸이 김해공항에 가서 해야 할 일, 나이아가라 폭포 가는 길, 그리고 나이아가라 폭포 여행 티켓, 캐나다 국립 미술관, 시청, 온타리오 대학 등 관광하기 좋은 20여 곳을 A4용지 20장 정도에 정리해서 뽑아주었다. 말로 표현하지는 않았지만 세심하게 챙겨준 딸이 고마웠다. 비행기 안에서 작성해야 할 질문지도 꼼꼼하게 메모해주었다. 혼자서 하는 캐나다 여행은 두려우면서도 즐거웠다. 1월이라 도착한 날 폭설이 내렸다. 본드호텔을 찾아가는데 저녁 8시에 캐나다 공항에 도착했는데, 골목골목을 빙빙 돌아 밤 12시에 호텔에 체크인할 수 있었다. 영어를 할 줄 몰라 "password." 하는데 알아들을 수 없어 딸에게 카톡으로 전화해서 대신 통화를 하라고 핸드폰을 건네주었다.

카드로 보증금을 20만 원 내고 신분증을 보자는 얘기였다. 공항에서 입국 심사는 내 뒤에 서있던 40대 남자분에게 대신 얘기 좀 해달라고 했다. 공항 직원의 질문은 '현금은 얼마를 가지고 있나? 현재 직업은 무엇인가?'였다. 그 사람에게 얘길했다. 현금 100만 원 정도 가지고 있고, 직업은 컨트리 캐디라고 했다. 그분의 눈빛은 '영어도 못하면서 캐나다는 왜 왔지?' 하는 눈빛이었다. 하지만 마음 쓰지 않았다. 캐나다도 사람 사는 곳이고, 돈 주면 밥 주고 잠을 잘 수 있다. 단지 장소가 한국이냐? 캐나다냐? 그 차이일 뿐이다. 나이아가라 폭포 역시 찾아가고 돌아오는 길이 영어가 안 되어 험난했지만, 그래도 혼자 하는 여행은 해볼 만한 시도고, 나 자신에 대한 도전이었다! 당시 '내년에는 돈을 모아 미국과 프랑스를 갔다 와야지.' 하며 돈을 모으고 있었지만 교통사고로 내 인생은 완전히 다른 사람의 인생의 길로 가게 되었다.

9

나만의 속도로 성장한다는 것

모든 일은 일어나야 할 그 시점에 일어나게 된다.
당장 힘들고 고통스러울지라도 긍정적으로 수용하고 해결해나가야 한다.

– 《기적수업》 구세주 김도사 –

2020년 1월 19일 왼쪽다리에 깁스를 하고 분당에 있는 〈한책협〉에 유튜브에 나오는 김도사님을 만나기 위해 딸에게 비행기 표를 끊어달라고 부탁을 해서 서울로 올라왔다.

2019년 9월 21일 오후 10시 반 정도 60대 부부가 내 차를 받아 고속도로에서 내 차는 가드라인을 박고 3바퀴 정도를 구르고 내팽개쳐졌다. 나의 몸은 만신창이가 되었다. 차는 그 자리에서 폐차할 정도로 큰 사고였고 나는 목을 많이 다쳤다. 한 달 정도 부산에 있는 병원에서 입원 치료를 했다. 3개월 동안 집에서 통원 치료를 했다. 그 사람의 실수로 나는 6

개월 동안 금전적으로 엄청난 손해를 보았다. 한 달에 400만 원을 버는 나는 6개월 동안 돈을 벌지 못했고, 코란도 밴 중고차를 사서 수리하는 데 100만 원이 더 들어가 600만 원 정도가 들었다.

처음에는 그 남자분이 원망스러웠다. "차가 미끄러지는데 어쩝니까?" 이 말이 그의 첫마디였다. 차는 폐차되고, 목은 비틀어져 일을 할 수도 없는 지경이 되었는데 사과 한마디 하지 않았다. 하지만 6개월이 지난 지금 생각해보면 어쩌면 그 60대 남자가 내 운명을 바꿔준 사람인지도 모른다. 그 사람으로 인해 나는 죽음까지 갔다가 다시 살아났기 때문이다. 집에서 통원 치료를 하며 한의원에서 추나로 목을 바로잡고, 레이저로 목의 통증을 치료했다. 부황과 침으로 몸 안에 응고되어 있는 피를 3개월 동안 뺐다. 그러던 중 왼쪽다리 골절로 깁스를 하게 되었다. '엎친데 덮친다.'라는 말이 있다. 불행의 여신은 꼭 불행의 아이를 업고 등장한다. 교통사고로 돈도 못 벌고 치료만 하고 있는데 또 다리를 다쳐 한 달 반을 병가를 냈다.

집에서 쉬던 중 우연히 유튜브에서 김도사님을 만났다. 이름도 김도사다! 나는 그 유튜브에 빠져 있었다. 1일 책 쓰기 특강을 한다는 것이다. 회비가 20만 원이었다. 적은 돈은 아니었다. 왔다 갔다 비행기 값과 여러 비용을 생각했을 때 무리인 것은 사실이었다. 하지만 나는 돈보다는 배움에 가치를 두며 사는 사람이다 보니 딸에게 비행기 표를 끊어달라고 부탁했다. 그래서 2020년 1월 19일 분당에 있는 〈한책협〉에 찾아갔다. 그냥 김도사님한테 끌려갔던 것 같다. 그런데 〈한책협〉에 가보니 교육장이 꽉 차 있었다. 나와 똑같은 생각으로 김도사님을 만나러 온 것이다. 그날 1일 책 쓰기 특강을 듣고, 책 쓰기 6주 과정을 신청해야겠다고 생각했다. 수중에 돈은 없는데 마음만 앞섰다. 마음이 절실하면 어떤 해결책이 있을 것이라고 생각했다. 김도사님과 면담을 요청했다. 금전적으로 여유가 없는 나를 김도사님은 불쌍히 여기고 인생의 마지막 기회를 주셨다. 그리고 2020년 2월 24일부터 3월 30일까지 한 달 동안 책 쓰기 6주 과정을 무사히 마치고, 2020년 4월 5일 1인 창업 과정을 신청했다. 그리고 차차 시간을 두고 〈한책협〉 교육 과정을 다 받을 생각이다. 내 것이 될 때까지 재수강을 할 생각이다. 1인 창업가로, 강연가로, 메신저로, 동기부여가로, 라이프 코칭가로 80세까지 네이버 카페 '한국캐디양성사관학교'가 활성화될 때까지는 배우고 익혀야 하기 때문이다. 그리고 유튜브 과정과 블로그 마케팅 과정도 배워 1인 창업으로 내게 주어진 천직을 잘 운영해 나갈 생각이다. 지난주까지 책 쓰기 5주 과정이 끝이 났다. 마지막 6주 과정 수업과 책 출판 계약과 마케팅 과정 수업이 남아 있다. 남은 한 주 마무리를 잘해야 한다. 내 책도 오늘 1장 9꼭지를 쓰고 있다. 92기 기수 중 30대 김수민 작가가 첫 출판 계약을 했다. 새벽 6시에 일어나 책 쓰기를 했다고 했다. 그 열정이 내게 고스란히 전해졌다. 나도 4월 한 달 안에 나머지 3장을 완성해서 출판사에 투고할 생각이다. 김도사님께서 버킷리스트 23 공동 저서에도 기회를 주셨다. 문수빈이라는 한 사람을 작가로, 강연가로, 1인 창업가로, 메신저로, 동기부여가로, 라이프 코칭가로 3개월 만에 만들어주셨다.

54년을 사는 동안 이메일을 쓸 일이 없었다. 컴맹이다. 기계가 제일 어렵다. 김도사님께 과제를 제출해야 할 일이 많았다. 하지만 이메일을 할 줄 몰라 스타벅스 카페에 있는 대학생들에게 부탁을 했다. 감사하는 마음에 주스와 샌드위치를 계산하다가 그만 노트북을 떨어뜨려 수리비를 20만 원 지불했다. 또 한 분에게는 점심식사비로 3만 원을 드렸다. 노트북을 깨뜨리고 난 뒤, 정신이 바짝 들어 이제는 김도사님께 원고를 이메일로 보내드릴 수 있게 되었다. 나는 기계치다. 다른 사람들에 비해 컴퓨터에 대한 두려움이 많고, 또 오래 붙들고 있으면 몸이 힘들다. 오죽하면 유튜브 〈문수빈TV〉에 자막 넣는 것을 유튜브 시작한 지 1년 후에 넣었을까? 부족한 영상이지만 현재 200명의 구독자가 계신다. 나의 삶과 나의 일상을 200개 정도 올려두었다. 현재는 작가가 되고, 네빌 고다드의 의식 확장과 잠재의식을 심는 과정에 있다. 나는 김도사님 유튜브로 인해 상상이 현실이 된다는 것을 알게 되었고, 내가 하루하루 조금씩 나아지고 있다는 것을 절실히 느끼고 체험하고 있다. 나는 조금 남들보다 더디더라도 나만의 속도로 조금씩 성장해가고 있다.

자신이 현재 상황이 어렵다면 목소리가 밖으로 튀어나오지 않고, 안으로 감기는 느낌을 받을 것이다. 가진 것이 없이 힘든 하루하루를 견디고 있다면 모기 목소리를 낼 것이다. 목소리는 자신의 재산 상태, 재정 상태를 나타낸다.

20년 전 나는 단돈 만 원이 없어 3일 동안 딸과 수돗물을 먹고 허기를 채우기도 하고, 6개월 정도를 라면 한 봉지로 하루 세끼를 버틴 적도 많다. 그래서인지 미래는 없고 희망도 우리에겐 없는 듯했다. 어느 날 겨울에 8남매가 무주리조트 스키장에 1박 2일로 여행을 간 적이 있다. 그곳에서 가족들과 스키를 타며 행복한 시간을 보냈다. 저녁 7시쯤 식사를 하고 노래방에 가자고 얘기가 나왔다. 외투를 챙겨 입고 노래방으로 갔다. 그때 딸과 나는 마이크로 노래를 부르고 있었지만 목소리는 나오지 않았다. 현실이 너무 어려우면 자신감이 없어 목소리가 힘이 없고, 소리 자체가 잘 나오지 않는다. 그때 노래를 부르면서 그런 생각을 했던 것들이 떠오른다.

20년이 지난 지금, 이제는 조금 그때보다는 여유도 있고 나은 환경이 되었다. 딸도 대학을 졸업했으니 말이다. 8남매 중 가장 가진 것 없던 내가 12년 동안 죽을힘을 다해 일을 해서 딸을 대학 공부도 시키고 미국 유학도 보냈다. 우리에게 기적이 일어난 것이다. 캐디 생활 12년 중 8년 동안 나는 1년에 휴가를 딱 5일, 엄마 제사를 기준으로 휴가를 냈다. 8년 동안 하루에 2시간 이상 자본 적이 없다. 그냥 잠시 앉았다 화장만 지우고 씻고, 다시 화장하고 출근을 했다. 일어나지 못할까 봐 회사 앞에 있는 가로등 밑에 차를 세우고 잠시 눈을 감았다가 출근을 했다. 10일씩, 7일씩, 3일씩 잠을 자지 않았다. 아니 잘 수가 없었다. 나는 그렇게 딸의 미국 유학이 끝날 때까지 내 인생을 돌아보지 못했다. 하지만 이제 딸을 대학을 졸업시켰으니 이제 내 인생을 살아가면 된다. 내가 가장 하고 싶은 것, 세계 일주를 하면서 맛있는 것 먹고, 세상 구경하면서 살아가는 것이 내 소망이다. 그리고 나의 천직을 잘 이끌어갈 생각이다. 작가로 퍼스널 브랜딩을 하고, 1인 창업을 해서 강연가, 메신저, 동기부여가, 라이프 코칭가로 80세까지 달려볼 생각이다.

엄마와 마루에서 점심을 먹던 기억이 난다. 김치에서 조그마한 구더기들이 나온 적이 있다. 그것을 하나하나 잡아내고 난 뒤 그 김치와 밥을 먹었다. 하지만 배는 아프지 않았다. 엄마는 수제비를 자주 끓여주셨다. 쌀이 없어 수제비를 자주 끓였을 것이다. 하지만 나는 이 세상에서 수제비를 제일 좋아한다. 엄마의 그 손맛이 그리워서 휴가 때마다 수제비를 사 먹는다.

큰언니와 나는 결혼할 때까지 차가운 냉골 방에, 연탄불도 떼지 않는

방에서 23년을 같이 살았다. 중학교 시절 추운 방에 언니와 둘이 서로 부둥켜안고 잠을 잤다. 그래야 추위를 덜 느끼기 때문이다. 어느 날 미술 과제물을 사야 해서 큰언니에게 말하기가 미안해 언니가 퇴근하고 오기 전에 잠을 청했다. 메모지에 이렇게 적어 책상에 놓아두었다. "언니야! 준비물이 있어. 미안하지만 3,500원 좀 줘! 미안해!" 이렇게 적어두고 나는 잠을 자는 척했다. 그날 언니는 5,000원을 책상에 놓아두었다. 큰언니는 내가 가장 어려울 때마다 곁에 있어주는 사람이다. 딸 백일 때도, 돌 때도, 이사할 때도, 전남편 학교 직원들 집들이할 때도, 경남은행 직원들 집들이할 때도 언제나 내가 도움을 청하면 평생 함께 해주었다. 그래서 나는 큰언니를 엄마라고 생각한다. 항상 뭐라도 챙겨주고 싶은 언니다. 내 인생의 은인이기도 하다. 1인 창업가로 우뚝 서게 되는 날 큰언니에게 그 은혜를 꼭 갚고 싶다.

2 장

혼자서도 당당히 설 수 있는 사람이 되라

1

지나간 과거와 결별하기

책을 써서 작가, 코치, 강연가가 된다면
더욱 좋은 배우자를 만날 수 있다.

- 《기적수업》 구세주 김도사 -

인생을 곰곰이 생각해보면 어쩌면 인생이란 혼자 걸어가야만 하는 긴 여정인지 모른다. 인생이란 무대는 그 누구도 아닌 내가 만들어가야 하기 때문이다. 그 무대가 남보다 훨씬 화려해 보일 때도 있고, 초라해 보일 수도 있다. 하지만 삶에는 그 나름대로 인생철학이 있어 자신의 가치와 꿈이 담겨 있는 것이다.

갑자기 몸이 아파도 누구와 고통을 나눌 수는 없다. 정신적인 고통이든, 육체적인 고통이든 아픔을 감당해야 하는 것은 나 자신이고, 아픔의 고통을 이겨내고 다시 일어나야 하는 것도 자신의 몫이다. 곁에 있는 사람들은 그저 안타까워하고, 위로는 해줄 수 있지만 그 이상은 할 수 없는 것이 인생이 아닌가 싶다.

유튜브 〈권마담TV〉 권마담 대표는 이런 말씀을 하셨다. "우리가 과거와 결별하지 않으면 미래와 결별한다." 나는 이 말을 듣고 적지 않은 충격을 받았다. 항상 생활에 쪼들리다 보니 동생에게 "돈이 없어, 왜 36년을 일해도 돈이 없지?"라고 전화를 걸어 하소연을 했다. 생각해보니 돈에 대한 경제 관점이 부족한 탓에 돈의 소중함을 모르고 살아온 나 자신을 발견하게 되었다. 돈이란 생명이 있어 돈을 귀중하게 생각하고 귀하게 다루는, 돈을 깍듯이 대접해주는 사람에게 항상 있고 싶어 하고, 그래야 또 돈이 뭉쳐 들어오게 해준다. 돈이 돈을 부르는 것이다.

나는 미래를 위해 비축하지 않고, 계속 돈이 샘물처럼 솟아오른다는 착각 속에 살아왔다. 그렇다고 딱히 나를 위해 쓴 것도 없다. 돈을 효율적으로 고귀하게 사용하지 않은 문제점이 내게 있었던 것이다.

우리는 자신과 대화할 수 있는 혼자만의 시간을 가져야만 한다. 그리고 독서를 통해 남의 생각도 엿보며 생각의 근육을 조금씩 키워나가야 한다. 그렇게 나 자신과 마주하며 성찰의 시간을 가지면서 우리는 한 단계 높은 정신적 성숙을 이끌어낼 수 있는 것이다.

나는 결혼 생활 8년 동안 전남편에게 많은 것을 의지하고 살았다. 남편은 은행 동생들이 찾아오는 날에는 아파트를 깨끗이 청소해주고 된장찌개를 맛있게 끓여주기도 했다.

8년 동안 바쁜 직장 생활 중, 4년 동안 일요일에는 딸을 키워주신 시부모님이 계신 시골에 내려갔다. 시골에는 농사가 많다. 벼농사, 감 농사, 복숭아, 벼, 깨, 콩 등 시부모님의 힘으로는 부족해 전남편이 농사를 많이 도와드렸다.

그렇게 평화로운 결혼 생활을 하다가 어느 날 남편이 창원에 업무 연수를 다녀왔는데 우연히 그의 책갈피에 여자 이름이 적혀 있는 것을 보았다. 6개월 후 그는 '살고 싶은 사람이 있다'며 이혼해달라고 내게 말했다. "당신이 싫어서 이혼해달라는 것이 아니야. 단지 살고 싶은 사람이 생겼어!" '이게 무슨 뚱딴지 같은 소리인가? 이게 무슨 무책임한 말인가? 그렇게 우리는 합의 이혼이라는 것을 했다. 이혼은 생각보다 쉬웠다. 판사가 "합의 이혼합니까?"라고 물었고 "네"라는 단 1초도 안 걸리는 대답으로 우리는 이혼이라는 것을 했다. 경남은행에 15년을 근무하고 있던 나는 남편에게 받을 딸의 양육비는 필요 없다고 했다. 양육비는 이혼할 당시 받지 않았다. "딸을 잘 키우지 못하면 다시 데리러 오겠다."라고 마음에도 없는 엄포를 내게 했다. 합의 이혼한 우리 부부는 이혼한 날 딸과 함께 횟집에 가서 밥을 먹고, 노래방에 가서 노래를 불렀다. 지금 생각하면 참 황당한 부부다. 이혼하던 당일 나는 8년을 같이 살아준 남편의 학교에 장미 100송이로 만든 꽃바구니를 배달했다. 20년이 지나 딸이 29살이 되었다. 20년 동안 그 사람은 딸을 단 한 번도 찾지 않았다. 나와 이혼은 했지만 딸과는 천륜인데 지금도 그 사람을 이해하지 못한다. 나는 이혼한 지 10년이 지나도 전남편의 양복을 버리지 못했다. 보다 못한 큰언니가 "열녀 났네." 하며 당장 버리라고 했다. 그 얘기를 듣고 보니 '이제는 남이지.' 하는 생각에 남편이 입던 양복을 재활용함에 넣었다. 그날 양복을 버리면서 많은 생각을 했다. 이제는 잊혀진 사람이다. 하지만 딸의 아빠이기도 하다. 가끔은 이런 생각을 했다. '그 사람이 죽는 날 우리 모녀를 생각하며 눈물을 흘릴까?' 하지만 그런 생각이 무슨 소용이 있겠는가?

남편과 이혼한 지 20년이 되었다. 이제는 남편과의 인연이라는 끈을 끊고 지나간 과거와 결별할 시간이다. 그 사람과의 지난 추억과 행복했던 기억들, 슬픈 기억들 이런 것들은 다 지워버리고 혼자서도 당당히 설 수 있는 사람이 되어야 한다.

행복이란 내가 만들어가는 것이지 남편이, 딸이, 나의 행복을 책임질 수는 없다.

그러고 보면 행복의 시작은 지나간 과거를 청산하고 결별하는 것으로부터 시작된다고 생각한다. 과거와 결별해야만 좀 더 나은 행복한 내일을 만들어갈 수 있다. 지나간 과거는 다 흘러갔다. 단지 내가 그것을 붙들고 놓지 않은 것뿐이다. 이제 과거의 일들은 다 지워버리고 새로운 마음, 깨끗한 마음, 희망찬 마음으로 새로운 내일을 만들어가야 한다. 시간은 한정되어 있다. 100년도 되지 않는 인생을 불행했던 과거의 생각들로 채워간다면 그것만큼 어리석은 삶은 없을 것이다.

좋은 것, 희망찬 것, 새로운 것, 가슴 떨리는 미래만 생각해도 웃음이 나지 않는가? 이제는 먼지 쌓이고 겹겹이 묵혀두었던 지난 세월의 아픔들을 다 털어버리고 희망찬 2020년을 김도사님의 유튜브를 보면서 배우고 깨닫기를 권한다. 앞으로 책을 써서 작가로 자신을 브랜딩해서 1인 창업가로 멋지게 인생 2막을 준비하는 것은 어떻겠는가? 지나간 인생을 버리고 또 다른 나로 다시 태어날 것을 선포해보지 않겠는가?

누구나 삶은 부족하고 애환이 가득하다. 하지만 사람마다 해석 방법에 따라 행복과 불행은 다르다. 내 인생을 행복한 삶으로 채우기에도 시간은 짧다. 돈보다 귀중한 것이 시간이다. 우리는 하루 24시간 이 귀중한 시간을 값지고 나답게, 내가 가장 원하는 행복에 관심과 집중을 쏟아야만 한다.

지나간 과거에는 행복하고 부족한 것 없이 살았다. 그것만 떠올리며 과거에 내 생각이 붙들려 있어 내 미래로 단 한 발자국도 옮기지 못했다. 지나간 시간들은 과거 속에 묻어두리라. 혼자서도 당당하게 살아갈 수 있는 사람이 되기 위해 현재 내가 무엇을 할 것인가만 생각하며 살아가기로 다짐했다.

은행을 명예퇴직하고 3년 동안 배운 실력으로 꽃가게를 6개월 정도 했었다. 경남은행 중리 지점에 1주일에 한 번 은행 창구에 꽃바구니를 갖다 주었다. 가끔 마음 착한 손님이 계셔 30만 원 정도 사무실 개업 집에 꽃 배달을 시켜주셨다. 50대 중년 남자분이 "백화점 꽃바구니보다 여기 꽃바구니가 마음에 든다."라며 꽃바구니를 사가시기도 했다. 하지만 새벽 6시에 꽃 배달을 하고 새벽 2시에 퇴근을 해도 한 달에 남는 순수익은 80만 원 정도뿐이었다. 노력에 비해 수익은 크지 않았다. 꽃집으로는 딸의 미래를 꿈꾸기에는 역부족이었다.

과거에 살아왔던 생활 방식, 습관, 나의 생각 이 모든 것을 다 털어내야 과거와 결별하게 되고 새롭게 탄생되어 내가 꿈꾸는 행복한 미래를 열어갈 수 있다. 생각의 전환으로 한 사람의 인생이 달라진다. 작은 생각의 차이, 작은 습관의 차이, 이 미세한 차이가 가난하고 찌든 불행한 삶과 풍요롭고 여유로운 경제적 자유를 만끽하는 삶을 결정짓는 행복의 열쇠가 되는 것이다. 우리는 항상 내 마음과 마주할 시간을 가져야 한다. 내 마음을 깨끗이 하고, 다가올 눈부신 미래만 마음에 담아 경이로운 내 삶을 창조해나가야 한다. 그동안 잠을 설치며 걱정하고 불안해했던 마음들은 현실로 일어나지 않는지 나의 기우였던 것이다.

2

세상에 정답은 없다

책을 쓰는 것은 마약과 같다.
한 권을 써내게 되면 2~3권 계속해서 쓰고 싶어진다.

- 《기적수업》 구세주 김도사 -

나는 4년 전 영화배우 K 씨가 교통사고로 죽는 것을 보고, 내 인생을 바라보는 시각이 바뀌었다. 언제 죽을지도 모르는 인생의 불안감 때문에 딸과 한 달 휴가를 내서 그동안 가보지 못했던 제주도, 베트남, 태국을 다녀왔다. 20년 동안 자신을 돌아볼 시간이 없었다. 하지만 딸의 대학 공부를 다 마치고 난 뒤 이제는 내 인생을 살아도 되겠다는 생각이 들었다. 그래서 강사 자격증을 따서 20년 동안 주식 투자로 실패하여 고생한 이야기를 젊은이들에게 꼭 들려주어 돈의 소중함과 세월의 소중함을 일깨워주어야겠다는 생각을 했다. 당장 강사학원을 알아보고 수업료 80만 원을 송금했다. 한 달을 회사에 휴가를 냈다. 그래서 매주 월요일부터 금요일까지 하루도 빠짐없이 수업을 받고 시험을 치고, 강연 실습을 통과하여 성희롱 예방 교육, 법정 의무 교육, C·S 교육, 컬러 진단 강사 자격증을 취득했다.

나는 남다른 열정으로 하루하루를 열심히 살았다. 일을 마치면 유튜브를 찍기도 하고, 기업체에 성희롱 예방 강의를 했다. 부족한 강사 스킬을 익히기 위해 8개월 동안 부산 서면에 있는 정보영 스피치 학원에 K강사님께 강사의 스킬들을 하나하나 배웠다. 그리고 내 꿈인 세계 일주를 위해 영어 학원에 4개월간 수업을 들었다. 영어 수업이 끝나면 부산시민공원에 가서 강연을 했다. 밤 11시 막차 지하철을 타고 양산에 도착하면 새벽 1시가 되어 있었다. 몸은 고달팠지만 눈부신 내일이 있어 행복했다.

2년 동안 K강사님의 유튜브를 보면서 강사의 꿈을 키워나갔다. 인생의 진정한 행복이란 내가 원하는 삶을 사는 것이라고 생각한다. 마음의 여유가 생기니 자신의 분야에서 성공을 거둔 사람들의 책을 읽거나 성공을 거둔 사람들을 유심히 관찰하게 되었다. 시간이 지날수록 나를 변화시키는 좋은 습관들을 가지게 되었다. 시간을 낭비하지 않는 습관, 그리고 업무를 마치면 밤 10시까지 도서관에서 책을 보거나 내 미래를 위해 강연안을 만들기도 했다. 다가올 미래를 준비하니 너무 행복하다는 생각을 했다. 행복한 사람들은 하나같이 내일의 꿈을 먹고, 꿈을 보고 살아간다. 소설가 이외수 선생님께서는 "배가 고플 땐 하늘의 별을 보며 허기를 채웠다."라고 하셨다. 내 현실이 힘들고, 고통스럽고 언제 끝날지 모르는 현실이 막막하게 느껴진다면, 우리는 현재를 사는 것이 아니라 다가올 내일을 위해 철저히 준비를 해야 한다.

빛나는 미래를 맞이하기 위해서는 큰 꿈과 희망을 가져야 한다. 그래야 내가 꿈꾸는 미래가 성큼 내 앞에 다가올 수 있다. 상상의 힘으로 생각이 현실이 된다는 삶의 진리를 우리는 깨달아야 한다.

우리 친정 가족 8남매 중 딸 5명은 1년에 2번 설날과 추석에 제사가 끝나면 경주 콘도나 마산 호텔에서 1박 2일로 휴가를 보낸다. 6개월 동안 살아온 각자의 이야기보따리를 풀어내느라 정신이 없다. 거의 잠을 자지 않고 수다를 떤다. 같이 따라온 형부와 K서방은 시끄러워 잠을 못 잘 정도인데도 그것을 잘 참아준다. 그만큼 가족들이 시댁에 잘하기 때문이 아닌가 하는 생각이 든다. 55살이 된 나를 보고, 돈도 많이 못 버는 강사가 되겠다고 하니 굶어 죽지는 않을까 하는 노파심에서 "헤어 디자이너가 되면 어떻겠니?"라고 작은언니가 물어본다. 나는 "언니야! 나는 훌륭한 강사가 될 거야!" 두 언니와 동생은 새벽 4시까지 열변을 토해 충고를 해주었지만 내 얘기를 듣고 힘이 빠진다. 나는 나의 꿈이 있다. 내 인생은 내가 사는 것이지 가족이 대신 살아줄 수는 없다.

행복한 삶이란 내가 진정으로 원하는 삶을 살아가는 것이다. 그러기 위해서는 인생을 살아가는데 생각해야 할 것들이 많다. 삶의 목표와 시간 관리, 나와 연관된 인맥들, 그리고 내가 살아가는 삶의 열정, 이런 것들이 어우러져서 내 삶이 완성된다고 본다.

확실한 목표를 가지고 시간을 관리하고, 인맥을 관리하며 열정적으로 하루하루를 살아갈 때 세상이란 무대에서 내가 주인공으로 원하는 행복한 삶을 살아가게 된다. 사람마다 추구하는 삶은 다르다. 내가 자라온 환경이 다르고, 내 가치관이 다르고 세상을 바라보는 관점이 다르기 때문에 삶에 정답은 없다고 생각한다. 내가 추구하는 삶에 가까이 가기 위해 우리는 엄청난 노력과 시간을 투자하는 것이다.

요즘은 유튜브로 돈을 버는 시대가 되었다. 평소에 내가 가장 관심 있고, 사람들로부터 공감을 이끌어낼 수 있는 콘텐츠를 동영상을 찍어 업로드하면 된다. 1년 전 처음 내가 유튜브를 찍은 이유는 강사로서 자연스럽게 말하고, 청중에게 좀 더 말이 정돈된 모습을 보여주기 위한 단련의 장으로 생각했기 때문이다. 내가 찍은 동영상을 보고, 구독자가 한 명 한 명 느는 것이 신기하고 재미있었다. 요즘 유튜브로 돈을 버는 사람들이 많다. 자기가 좋아하는 일, 잘 아는 분야를 찍어 돈을 벌고 있다. 그래서 나는 자주 가는 식당 어머니들에게 유튜브 채널을 만들어드리고 수제비

만드는 법, 김밥 만드는 법을 직접 찍어 올려드린다. 처음에는 별것이 아닐지도 모른다. 하지만 주부들은 요리에 관심이 많다. 60 평생 해오신 음식을 알기 쉽게 대중들에게 알려준다면 언제 구독자가 터질지 아무도 모르는 일이다. 구독자가 늘어나지 않아도 좋다. 현대인이라면 누구나 유튜브를 할 수 있고, 그렇게 세계 속에 나를 알리고 있다. 나는 하찮게 생각하는 정보들이, 초보가 올린 유튜브가 왕초보에게는 귀한 삶의 지혜가 될 수 있고, 삶의 윤활유가 될 수 있는 것이다. 그러기에 지금 핫하게 뜨고 있는 유튜브를 누구나 동참해서 자기 계발의 채널로 정착시켜나가기를 간절히 바라는 마음이다.

나는 썸네일을 할 줄 몰라 촬영한 동영상만 올리다가 1년이 지난 뒤에 차 안에서 4시간 정도 공부해서 겨우 썸네일을 만들 수 있었다. 남들은 단 5분 만에 끝내는 단순한 조작도 나는 시간이 엄청 걸리는 편이다. 컴퓨터 앞에 오래 있으면 머리도 지끈지끈거린다.

오늘도 나의 콘텐츠가 누군가에게는 귀한 정보와 영감이 되어 다양한 영향력을 미치기를 기대해본다. 나에게는 별것 아닌 일상이 돈으로 환산되어 돌아오는 시대가 되었다. 이제 출근해서 일하는 시대는 지났다. 1인 창업가로 그동안 살아오면서 깨달은 삶의 지혜, 원리와 비법을 파는 시대가 되었다. 누구나 가볍게 시작할 수 있다. 어제 책 쓰기 마지막 수업이었다. 같은 동기생 한 분이 며칠 전 자신의 유튜브 채널을 만들면서 가족 4명 채널을 만들어주었다고 했다. 며칠 되지도 않았는데 구독자가 엄청나게 늘어나 참 신기하다고 말해주었다. 세상에는 생각지도 않은 일들이 기적처럼 많이 일어난다.

우연히 유튜브에서 김도사님을 만나 분당에 있는 〈한책협〉에 1일 책쓰기 특강을 듣게 되었다. 그날 책 쓰기 6주 과정을 신청했다. 형편이 어려운 내게 김도사님은 인생의 마지막 기회를 허락해주셨다. 2020년 2월 24일 시작된 책 쓰기 6주 과정이 2020년 3월 30일 어제 끝났다. 6주 동안 컴맹인 내가 따라가기에는 역부족이었다. 하지만 김도사님과 권마담 대표님 그리고 정소장님, 포민정 코치님, 권미래 코치님, 김이슬 코치님, 김서진 코치님, 안명숙 코치님, 그래 코치님들의 독려로 힘을 내서 6주 과정까지 무사히 마칠 수 있었다. 이 시간을 빌려 머리 숙여 감사의 인사를 올린다.

사람들은 어떤 계기로 인생의 행로를 바꾸게 된다. 나 역시도 유튜브 김도사님의 영상을 보지 않았다면, 1년에 1~2번 들어올까 말까 하는 강연 의뢰에 목을 매며 살아갔을 것이다. 55살이라는 나이에 컨트리 캐디로 윗사람의 눈치를 보며 하루하루를 견뎌내야 할 것이다. 아무리 열심히 일하고, 고객분들에게 최선을 다해 일한다고 해도 영원히 이곳에 있을 수는 없다. 나이가 들어갈수록 나 자신이 작아지고 스스로 눈치를 보게 될 때가 온다.

　그 일이 내 옷이 아닌 듯 크거나 작아져 모양이 흐트러지는 것이다. 나는 '70세가 될 때까지 대한민국 최고령 캐디가 되어야지.' 하는 소망이 있었다. 하지만 이제는 네이버 카페에 '한국캐디양성사관학교'를 세웠다. 그곳에서 나를 필요로 하는 젊은이들에게 꿈과 더 큰 꿈 너머의 꿈을 키워주는 나로 거듭나게 되었다. 〈한책협〉 김도사님을 만나 작가가 되고, 1인 창업을 해서 강연가, 메신저, 동기부여가, 라이프 코칭가가 된 것이다. 세상에는 정답이 없다. 운명적인 귀인을 만나 나처럼 인생을 바꾸게 되는 엄청난 기적을 경험할 수도 있다.

3

나다운 삶을 산다는 것

원하는 것이 있다면 이미 원하는 모습이 되었다는 것을 사실로 받아들여라!
그 사실을 생생하게 받아들인다면 상상은 단단한 실체가 되어 현실로 나타나게 된다.

－《기적수업》 구세주 김도사 －

1985년 마산여상 야간고등학교를 졸업하고, 당당히 경남은행 입사 면접에 합격하여 연수를 마치고, 경남은행 부림동 지점에 발령을 받았다. 진해조선소에서 급사 생활을 3년 하였기에 고등학교를 졸업하면 C사장님은 당연히 진해조선소 경리사원으로 일해줄 것으로 생각하고 계셨을 것이다. 부산에서 출퇴근하시기에 3년 동안 아침에 사장님께 라면을 끓여드렸다.

경남은행 면접을 보고 난 후 합격 발표 날만을 손꼽아 기다리고 있었다. 드디어 발표 날이 다가왔다. 하루 종일 일이 손에 잡히지 않았다. 밥을 먹어도 꼭 모래를 씹는 심정이었다. 점심시간이 지나 경남은행 인사팀에서 전화가 왔다. "문수빈 씨 합격하셨습니다! 축하합니다!" 그 말을 듣는 순간 나는 심장이 멎는 것 같았다.

　내 마음은 악! 하고 기쁨의 함성을 지르고 싶었지만, 나는 같이 근무하고 있는 직원들에게 나의 합격 소식을 전하지 못했다. 다음 날 B과장님께 합격 사실을 알리고 회사를 그만두게 될 것 같다고 말씀드렸다. 특히 사장님께서 서운해하셨다. 3년 동안 공부시켜주었는데 보답은커녕, 자기 갈길 찾아가는 내가 원망스러웠을 것이다. 하지만 난 과거 속에 갇히고 싶지 않았다. 지나간 과거와 완전히 결별하고 싶었다. 내가 고등학교 3년 동안 진해에서 마산까지 왔다 갔다 하는 등하굣 길에, 버스 속에서 시간을 아끼며 공부를 하고, 일요일이 되면 3년 동안 새벽 6시에 진해 탑산 밑 도서관 문을 제일 먼저 열고, 밤 11시에 제일 마지막으로 도서관 문을 닫았다. 그리고 한 번도 잊지 않고 도서관 옆 성당에 가서 성모 마리아님께 기도를 올렸다. '마리아님! 이 가난에서 벗어나게 해주세요!' 하며 눈물의 기도를 올렸다. 나의 기도가 하늘에 닿았을까? 고등학교 1, 2, 3학년 희망 직업란에 나는 항상 은행원을 기재했었다.

　지금에 와서 알게 된 사실은 종이에 적으면 꿈이 이루어지고, 내가 생각한 것이 현실이 된다는 것이다. 나는 누구보다 시간을 소중하게 생각하며 3년을 살았다. 내 힘들고 가난한 과거와 영원히 결별하기 위해 누구보다 치열하게 살아내야 했다. 가끔 일요일에 부족한 타자 실력을 향상시키기 위해 타자 학원을 다녔다. 고등학교 타자 선생님이 오빠의 친구분이어서 새 타자기로 연습할 수 있는 시간을 주시기도 했다. 감사했다. 내 졸업식 날 선생님께서 예쁜 앨범을 선물해주셨다. 졸업 시험을 잘 치기 위해 나는 회사에 1주일 휴가를 요청했다. 나는 1주일을 도서관에서 공부만 했다. 집에 돌아와 새벽 4시까지 추운 겨울 세숫대야에 찬물을 받아 발을 담그고, 잠을 쫓기 위해 선풍기를 틀고 공부를 했다.

그때는 머리가 팽팽 돌아가 한 번 읽은 것은 머리에 다 암기가 될 때도 있었다. 시험 당일 그 숨 막히는 5분 쉬는 시간, 잠깐 읽은 내용도 다 암기가 되었다. 입학할 때 전교 74등으로 들어와 졸업할 때 전교 7등 기록을 남기고 졸업했다. 나름 뿌듯했다. 고등학교 2학년과 3학년은 장학생으로 장학증서를 받았다. 난 3학년에 반장을 했다. 졸업식 날 나는 H담임 선생님께 감사의 선물을 드리기 위해 졸업식 사진 한 장 찍지 않고, 선생님께 드릴 예쁜 꽃 그림 액자와 사과와 배 한 박스를 카드와 함께 선생님 댁에 드리고 왔다.

은행 입사 후 첫 급여를 받은 날 엄마, 아버지께 내복을 사서 드렸다. 그리고 진해조선소 전 직원들에게 삼겹살을 대접해드렸다. 양말과 손수

건, 그리고 책과 예쁜 엽서에 감사 편지를 적어 나눠드렸다. 지금 생각하면 소고기를 대접해드리지 않은 것이 후회가 된다.

가끔 진해에 갈 때가 있다. 머리를 식히고 싶거나 마음이 답답하면 진해 행암 바닷가에 혼자 갔다 오기도 한다. 그리고 진해 중앙 초등학교 운동장도 한 번 걷고, 진해조선소가 있었던 속천 바닷가에 바람을 쐬고 온다. 지금은 아파트 단지가 들어서 진해조선소의 흔적은 없다. 하지만 내 마음속에는 아직도 진해조선소가 그곳에 있다.

어느 날 아침 7시 출근길 진해조선소 정문을 들어서는데 고등학교 남학생이 내 손에 편지를 쥐어주고 도망을 치듯 사라졌다. 모자를 깊게 눌러써 그 남학생의 얼굴은 보지 못했다. 나는 공부하는데 마음이 흔들릴까 봐 그 편지를 읽지 않고 손을 녹이기 위해 불을 지펴둔 화로에 편지를 미련 없이 태웠다. 그 남학생한테는 미안한 일이다. 하지만 난 나의 미래를 위해 해야 할 일이 많은 학생이었다. '사랑은 고등학교를 졸업하고 취업하면 하자.'라고 속으로 생각했다. 34년이 지난 지금, 그때 편지를 받았던 설렘이 되살아난다.

초등학교, 중학교 시절 있는지, 없는지도 모르는 학생이 경남은행에 입사한 것은 기적이었다. 초등학교와 중학교 친구들은 의아해하기도 한다. 3년의 피나는 노력으로 경남은행에 입사한 일은 인생을 역전한 것이나 다름없다. 노력은 사람을 배신하지 않는다. 헛된 노력이란 없다. 언젠가는 노력의 대가가 다 돌아오게 되어 있다.

나는 마산여상 야간 학교를 졸업했다는 콤플렉스가 심했다. 그래서 은행에 입사하자마자 한국방송통신대학 가정학과에 원서를 넣었다. 여름 휴가 기간에 진주학습관, 마산학습관, 창원대학에서 출석 수업을 6년간 들었다. 수업을 듣는 동안 친구도 사귀었다. 마음 착한 여자 친구는 농협 직원과 결혼을 했다. 그 친구는 잘살고 있을까? 아들딸을 낳고 이제는 55세의 중년 엄마가 되어 있다.

23살이 되던 해 본점 심사부를 거쳐 비서실로 발령이 났다. 6년간 S감사님을 모셨다. 사무실에 꽃을 꽂아야 해서 꽃꽂이 학원에 3년을 다녔다. 꽃꽂이 선생님은 고향이 통영이다. 전남편의 형수 친구분이다. 내게 남편을 소개해준 고마운 분이다. 2년 전 마산 문향 꽃꽂이 학원에 찾아갔었다. 하지만 원장님은 돌아가시고 안 계셨다. 미혼으로 혼자 사셨는데 자주 찾아뵙지 못해 죄송했다. 은행을 다닐 때까지 학원에 가끔 놀러 갔었는데 안타까운 마음뿐이다. 삼가 고인의 명복을 빕니다.

남편을 소개받은 날 아주 어두컴컴한 카페에서 만났다. 얼굴에 자신이 없었는지 그곳에 약속을 잡았다. 처음 그를 본 것은 그의 카키색 바바리 코트를 입은 뒷모습이었다. 키가 180cm 훤칠해 보였다. 시커먼 피부를 가진 사람이 내 앞에 앉아 있었다. 처음에는 아무런 생각이 없었다. 단지 고등학교 국어 선생님이고 막내라는 조건이 아주 좋은 사람 정도였다.

그날 저녁을 먹자고 했다. 하지만 '처음 만나 식사를 하면 깨진다.'라고 들은 얘기가 있어 나는 그날 저녁 식사를 거절했다. 다음 날 저녁 식사를 했다. 그리고 우리는 3번 만나고 한 달 뒤, 1991년 4월 21일 남편이 정해놓은 그날에 마산 문화원에서 족두리 쓰고 구식으로 결혼식을 올렸다. 엄마는 우리의 결혼을 반대하셨다.

하지만 막무가내인 나의 고집을 꺾지 못하고 결혼을 허락하셨다. 결혼식이 끝나고 엄마는 나를 보고 많이 우셨다. 그리고 3개월 후 엄마는 간암 말기 선고를 받고, 55세라는 꽃다운 나이에 나의 신혼집에도 한 번 와보지 못하고, 해골처럼 살이 다 빠지고 야윈 모습으로 돌아가셨다.

가끔 새벽에 엄마가 창문 옆에서 나의 이름을 부르기도 하셨다. 그런 환청을 나는 6개월 동안 들어야만 했다. 도저히 견디지 못해 절에 가서 천도제를 지냈다. 내 마음이 안정을 찾은 탓인지 그 뒤에는 엄마의 목소리는 들리지 않았다.

단계 업그레이드된 삶을 살기 위해 뭔가를 배운다는 것은 참 뿌듯한 일이다. 나는 은행 업무를 마치면 일본어 학원에 다녔다. 마산 시외버스 터미널 옆 메이크업 학원을 3개월을 다녀 자격증을 취득했다. 돈을 금고에 차곡차곡 쌓아두는 기쁨보다, 나 자신을 성장시키고 자기 계발하는 것에 돈을 쓰는 것이 더 가치 있는 일이라고 생각한다.

오늘 김도사님 유튜브에서 신이 주신 5가지 달란트를 쓰지 않는 것은 죄라고 말씀을 하셨다. 그 5가지 달란트로 돈을 벌 수 있는 시스템, 파이프라인을 만들라고 하셨다.

예전에는 남들에게 뒤처지지 않기 위해 자기 계발을 했다. 하지만 그것이 다 나의 미래를 위해 뿌려놓은 씨앗이었던 것이다. 54년을 살아온 지금 5가지 달란트를 꺼내 쓸 시간이 도래하였다. 내 안의 거인을 깨워야 한다. 작가로, 1인 창업으로 강연가로, 메신저로, 동기부여가로, 라이프 코칭가로 살아갈 날을 생각하니 가슴이 벅차오른다.

4

누구와도 비교하지 마라

당신은 결코 무언가를 배우기 위해 지구별에 온 것이 아니다.
이미 당신의 영혼은 모든 답을 알고 있다.

- 《기적수업》 구세주 김도사 -

　사람은 누구나 그 나름의 가치가 있다. 치열한 경쟁 속에 이 세상에 태어나 자기 나름대로의 철학을 가지고 100세라는 긴 인생 여정을 살고 있다. 나는 누구와 나 자신을 비교하기보다 상대방이 부러울 때가 많았다. '남들은 남자친구에게 사랑받으며 잘살아가는데, 결혼을 하고 난 뒤에는 누구나 남편에게 사랑받고 사는데….' 하는 생각을 많이 했다. 우리는 우리 자체로 100조 원의 가치를 가지고 태어났다. 아무리 가진 것이 없고 학벌이 없고, 머리가 뛰어나지 않다 하더라도 우리는 이 세상에 태어난 이유가 있다고 생각한다. 우리는 이 세상에 무엇인가를 해야 할 의무를 지고 태어났다. 그것을 단지 깨닫지 못하고 살아갈 뿐이다.

봄이 되면 세상은 온통 꽃 천국이다. 개나리, 벚꽃, 목련, 진달래, 매화, 살구꽃이 자신들을 봐 달라고 예쁘게 꽃단장을 하고 마음껏 뽐내고 있다. 식물들은 때가 되면 꽃잎을 피운다. 겨우내 얼마나 추웠던가? 그리고 얼마나 시리고 아렸던가? 그것들을 말없이 다 견뎌내었다. 우리는 만물의 영장이다. 들판에 핀 들꽃 하나도 자기 할 도리를 다하거늘 우리는 우리가 해야 할 일들을 하나씩 준비해가야 하지 않겠는가?

경남은행에 입사하여 한 달 동안 연수를 받았다. 소년같이 순수한 J가 있었다. 그는 연수가 끝난 뒤 전산부에 발령이 났다. 비서실에 근무할 때 본점에서 가끔 부딪혀 얼굴을 볼 수 있었다. 그는 지인에게 보증을 서 경남은행을 일찍 그만두게 되었다. 그가 어느 날 군대를 가기 전날 저녁 식사를 하자고 전화가 왔다. 나는 부랴부랴 그에게 줄 가죽장갑을 샀다. 그와 저녁식사를 하고 잘 다녀오라고 인사를 하면서 그에게 장갑을 선물했다. 그래도 나에게 조금이나마 관심을 가져준 그에게 고맙다. 그는 잘 살고 있을까? 그도 결혼을 했겠지? 아들딸도 낳았겠지? 마냥 소년처럼 어려 보였는데 그도 이제 55살이 되어 있네.

부림동 지점에 첫 발령을 받았다. 마산 창동 부림 시장 안에 지점이 있어 하루 종일 바쁜 지점이었다. 처음 은행 업무는 출납 보조였다. 그때 같이 근무한 계장님이 갑자기 돌아가시게 되어 부인이 경남은행 연수원

식당에 근무하시게 되었다. 나이가 40대 중반밖에 되지 않았는데 너무 안타깝다는 생각이 들었다. 사람의 수명이란 하늘만이 알 수 있는 것이기 때문에 사람의 인력으로 어쩔 수가 없다.

그러고 보면 내 주위의 분들이 참 많이 일찍 돌아가셨다. IMF 때 경남은행이 많이 어려워져 장기 근속자에게 명예퇴직을 권했던 시기가 있었다. 그때 노조 위원장이 내가 근무하고 있던 지점까지 온 적이 있다. 그때 나는 남편에게도 의논하지 않고 경남은행을 위해서는 당연히 오래 근무한 사람이 나가야 한다면 퇴사해주어야 한다고 생각했다. 퇴사하고 얼마 안 있어 이혼했으니 퇴사를 조금 더 신중히 할 걸 하는 생각이 20년이 지난 지금 잠깐 든다. 하지만 그때도 1초의 망설임도 없이 명예퇴직을 했듯이 지금 역시도 나는 노조 위원장의 권유대로 퇴사를 했을 것이다. 은행을 퇴사하고 적어도 3번 정도 다시 경남은행으로 복귀해달라는 인사과의 전화를 받았던 것 같다. 지금 생각해도 너무 감사한 일이다. 그렇게 뛰어난 두뇌를 가진 것도 아닌데 나를 찾아주어 고마운 마음이 든다. 나는 그때 상가 분양 영업 업무를 하고 있었다. 은행 업무는 하루 종일 은행에 매여 있고, 시간도 자유롭지 않으며 하루 종일 숨 돌릴 시간이 없다. 안정적인 직업이긴 하나 그때는 자유로운 상가 분양 영업도 나름대로 재미가 있고, 내가 노력하는 만큼 결과가 있어 그 업무에 매력을 느끼고 있을 때였다. 20년이 지난 지금 그때 인사팀 직원에게 감사하는 마음을 전한다.

첫 발령지 부림동 지점을 2년 정도 근무하고 있을 때 본점 심사부로 발령이 났다. 그때 심사부에 근무했던 여직원이 마산여상 선배였다. 남편이 사업을 해서 가정 형편이 많이 어려워졌다는 얘기를 들었다. 6개월 정도를 아침 7시에 출근해서 새벽 2시에 퇴근했다. 그때 대기업이 부도가 나서 은행 업무가 바빴다. 어느 정도 정리가 되어갈 무렵 비서실로 발령이 났다. 비서실장님께서 스카웃을 하셨다. 지금 생각해도 비서실장님이 너무 감사하다. 나의 첫 번째 멘토이자 은인인 S감사님을 만나게 해주신 분이시다.

명예퇴직을 얼마 앞두고 내 위의 상사 K가 당장 천만 원이 필요하다며 돈을 빌려달라고 했다. 그는 나의 상사고 돌려받기 힘들 땐 그의 퇴직금에 압류를 걸면 된다는 아주 단순한 생각을 했다. 그런데 상사 K는 나뿐만이 아니고 여러 직원에게 한 사람 당 천만 원씩 빌려간 후 갑자기 퇴사를 했다. 그의 퇴직금은 벌써 다른 채권자로 인해 압류가 되어 있어 나에게 돌아올 돈은 없었다. 그렇게 황당한 일을 겪었다. 그리고 3년 후 그가 보험회사 직원으로 1년에 1억 원을 번다는 이야기를 들었다. 그가 다니고 있는 보험회사에 급여에 천만 원 차용증서를 보내고 압류를 걸어 천만 원을 받아냈다. 하지만 그 사람에게서 사과 한마디 받지 못했다. 그 사람이 어렵다는 것을 알고 경남은행 직원들이 보험을 많이 가입해준 것으로 안다. 이제 다시 일어나 잘 살아가고 있으니 불행 중 다행이다.

남편과 합의 이혼을 하고 마산 중리 현대 아파트로 이사를 했다. 이삿짐 직원들이 남편 학교 졸업생들이었다. 괜히 신경이 쓰여 아침부터 김밥이랑 순대, 떡볶이, 음료수들을 넉넉하게 준비했다. 이사를 하면서 전세 살았던 집의 주인 아저씨가 남편과 이혼한 것을 알고 전세금에서 백만 원 적게 입금해주셨다. 장판과 도배 값이라고 했다. 그것은 집주인이 하는 것이지 내가 부담해야 하는 부분이 아니라고 찾아가 이야기를 해도, 돈을 내어주지 않았다. 큰언니에게 부탁해서 얘길해보았지만 그 집주인은 끄떡도 하지 않았다. 20년이 지난 지금 그때 경찰서에 신고하지 않은 것이 후회가 된다. 이혼한 것도 서러운데 집주인에게 백만 원 전세금을 떼였다. 지금 생각해도 참 이해가 안 되는 주인이다.

26살에 남편과 3번 만나 결혼을 했다. 사람의 인연이라는 것이 참 묘하다. 인륜지대사를 나는 그렇게 쉽게 결혼했다. 그 사람은 날을 정해놓고 결혼할 사람을 찾았고, 나는 '26살 봄에 결혼 안 하면 죽는다.'라는 생각을 가지고 있었다. 사람이란 원래 때가 되면 결혼이 하고 싶어진다. 나는 맏며느리 감이 아니어서 장남은 직업이 아무리 좋아도 만나지 않았다. 내가 내 능력을 알기 때문이다. 요리도 할 줄 아는 것도 없고, 맏며느리의 그릇이 아니라는 것을 내 자신이 더 잘 알고 있었다. 서로 직업도 안정적이고 막내고 착해 보여서 결혼을 결심했다. 8년 동안 부부 싸움 한 번 안 하고 이혼한 사람은 우리밖에 없을 것이다. 이혼했지만 그렇게 남편을 미워하거나 증오하지는 않는다. 그도 그럴 만한 이유가 있겠지? 8년 같이 산 나보다 아들 낳고 20년째 살고 있는 그들이 인생 승리자다.

남과 나를 비교하지 않고 가치 있는 삶을 살아간다는 것은 무엇일까? 또 어떻게 살아야 나 답게 사는 것일까? 인생에는 정답도 없는 것 같다. 딸을 대학 졸업시킬 때까지는 뒤도 돌아볼 여유가 없이 미친 듯이 일만 하며 살아왔다. 이런 생각들을 하는 것을 보니 이제 마음의 여유가 많이 생긴 느낌이다. 인생이란 무엇일까? 어떤 아파트에 살고, 어떤 차를 타고 돈은 얼마나 있으며, 학교는 어딜 나왔으며, 직업은 무엇인가? 이런 것들로 사람을 판단했다. 이제는 학벌과 스펙이 전부가 아니라 내가 살아낸 인생으로 그동안 깨달은 실패와 성공의 삶의 원리와 비법을 1인 창업으로, 코칭으로 돈을 버는 시대가 되었다 2020년 4월5일 〈한책협〉 김도사님께 1일 창업 과정 수업을 받는다. 4월 18일은 책 출판 홍보 마케팅 과정을 배우고, 4월 19일은 카페 활용법을 배운다. 책을 출판하여 브랜딩하고 네이버 카페 1인 창업을 해서 36년간의 직장 생활 노하우를 젊은 이들에게 들려주고 싶다. 그리고 아직 자신의 직업이나 천직을 찾지 못한 사람들에게 그들의 천직을 알려주고 싶다.

저마다 이 세상에 태어난 목적이 있다. 그래서 남과 비교할 필요가 없다. 내가 태어난 사명에 충실하면 되는 것이다. 처음에는 찾기 어려울 수 있다. 하지만 자기 내면을 들여다보면 내가 좋아하는 것, 내가 관심이 가는 것, 내가 하고 싶은 것, 심장이 떨리고 내가 가지고 싶은 뭔가가 사람마다 있다. 그것을 누가 먼저 깨닫게 되느냐 차이일 뿐이다. 내 안의 거인을 꺼내기 위해서는 1%의 단서만으로도 도전하고 실패하고 또 도전해서 다양한 인생 경험을 하는 것이 무엇보다 중요하다. 실패해보지 않은 자, 성공의 문에 결코 들어갈 수 없는 것이다.

5

나를 가장 잘 알아주는 사람

미래를 바꾸는 간단한 공식은 생각을 바꾸는 것이다.
원하지 않은 것에서 시선을 거두고 원하는 것에만 집중하는 것이다.

- 《기적수업》 구세주 김도사 -

54년을 사는 동안 나는 인정받기를 바라는 마음이 많았다. 지나온 시간을 생각해보면 나는 초등학교, 중학교 생활은 평범하다 못해 있는지 없는지 모르는 학생이었다. 중학교 생활 기록부에 '순박한 학생입니다.'라는 문구가 생각날 뿐이다. 그렇게 뛰어난 것도 없는 그냥 평범한 학생이었다. 하지만 초등학교 6년, 중학교 3년, 고등학교 3년 개근상을 받았으니 성실성 하나는 인정받았다.

고등학교를 들어오면서 1학년 담임 J선생님을 만나 서기라는 직책을 평생 처음 맡게 되었다. 수학과 영어 시험을 60점 이상 맞아본 적이 없다. 수학 시간과 영어 시간만 오면 앞사람 뒤통수에 나의 얼굴을 가리기가 급급했다. 혹시 그날 날짜와 내 번호가 맞아 떨어진 날은 어김없이 번호가 호명되어 영어책 한 페이지를 더듬거리며 읽거나, 풀지도 못하는 수학 문제를 풀기 위해 칠판 앞에 서 있어야 하는 수모를 겪어야 했다. 공부를 하지도 않았지만 워낙 기초가 없어 공부할 엄두도 나지 않았다. 하지만 어찌 된 영문인지 고등학교 입학시험을 쳐놓고 한 달 정도 쉬는 기간이 있었다. 그때 고등학교 들어가기 전에 수학 공부를 나름 했고 개학 후 첫 수학 시험을 만점을 받았다. 말도 안 되는 일이었다. 영어도 내 평생 처음으로 80점을 맞았다. 아직도 기억이 난다. 고등학교 Y 영어 선생님 시간에 Speaking 시험이 있었다. 그때 답이 'at the Bank'였다. 중학교 3학년 2학기 때 처음으로 내 머리가 트여 암기가 잘 되었다.

고등학교 1학년 담임 J선생님이 내 생애 처음으로 나를 알아봐주신 분이다. 상업 법규 시간에 예를 들며 "수빈이는… 수빈이는…." 나의 이름을 수시로 불러주셨다. 그래서인지 나는 공부에 흥미를 느끼게 되었다. 40대 후반의 총각 선생님이셨는데 지금은 80세가 되셨다. 찾아뵙지도 못하고 죄스러운 마음이다. 고등학교 3학년 때는 반장으로 은행에 입사하겠다는 꿈으로 열심히 공부를 했었다. 3학년 담임 H선생님은 따뜻하게 배려해주셨다. 가끔 친구들과 선생님 댁에서 맛있는 밥을 먹기도 했다. 사모님은 요리도 잘하고 예쁜 분이셨다. 고등학교 졸업 후 반창회를 열어 H선생님과 오붓한 시간을 가졌었다. 우리 반 친구들도 이제 55살이 되었다. 보고 싶다! 85년도 마산여상 야간 졸업한 친구들아!

경남은행 첫 발령지는 마산 창동에 있는 부림동 지점이었다. 그때 같이 출납에 근무한 L남자 직원이 석전동 지점 B여직원과 결혼을 했다. 참 부러웠다. 나와 같이 비서실에 근무한 K와 Y, S 모두 경남은행 직원과 결혼했다. 참 부러웠다. 나는 선택받지 못했는데 같이 근무한 사람들은 경남은행 직원들과 귀한 인연으로 결혼을 했다. 경남은행을 입사하고 K와 사귄 적이 있다. 마이산에 김밥을 사서 놀러가보기도 하고, 각자가 읽고 있는 책을 돌려보기도 했다. 하지만 인연이 안 되려는지 홀어머니와 같이 산다는 말에 내 마음이 닫혀버렸다. 사람의 인연은 따로 있나 보다. K는 그 후 경남은행 여직원과 결혼을 했다.

부림동 지점에 근무한 지 3년 정도 지나 본점 심사부로 발령이 났다. 6개월 후 비서 실장님의 스카웃으로 비서실로 발령이 났다. 그때 내가 모신 분이 S감사님이다. 감사님은 다소 엄해 보이시지만 충청도에서 서울대학교를 나오신 수재로 사모님도 은행원이셨다. 감사님은 수필가이시기도 했다. 책속에 꽃에 대한 표현력이 얼마나 세심하게 표현되어 있는지 감동이 밀려왔다. 감사님은 나와 인연이 30년이 된다. 비서실에서 3년 모셨고, 26살 때 결혼하고 검사부에 3년 동안 근무하면서 감사님을 가끔 뵐 수 있었다. 감사님은 내게 많은 은혜를 베풀어주셨다. 내가 결혼할 때 필요한 게 많을 거라고 하시며 봉투에 현금 50만 원을 넣어주셨다. 그리고 마산 문화원에서 결혼식을 올렸는데 그때 서울에 계신 사모님과 함께 와주셨다. 산속에 있는 식장이었는데 누추한 곳까지 찾아주셨다.

결혼식이 끝나고 3개월 뒤, 엄마가 돌아가셨을 때도 감사님은 진해 우리 집 상가 빈소까지 찾아주셨다. 나는 감사님께 해드린 것이 없는데 왜 그렇게 챙겨주셨는지 모르겠다.

내가 고작 할 수 있는 일은 수박 두 덩이 사가지고 감사님 기사님께 전해드리는 것밖에 없었다. 그리고 감사한 마음에 내가 좋아하는 가수 최성수님, 노사연님, 심수봉님, 나훈아님 노래들을 녹음해서 드린 것밖에 없다.

내가 시외에 발령이 난 적이 있다. 그때 사모님과 함께 먼 곳까지 내려오셔서 10만 원 짜리 수표 5장을 봉투에 넣어 "맛있는 것 사먹어." 하고 주시며 곧장 가셨다. 30년이 지난 지금도 사장님과 카톡으로 안부를 전한다. 17년 전 건강이 안 좋으실 때 서울에서 한 번 뵌 적이 있다. 아픈 분께 떡을 손에 들려드려 분당까지 들고 가시게 했었다. 지금 생각해도 철이 없다. 댁으로 홍삼을 보내드렸어야 하는데 생각이 부족했다.

2020년 1월 19일 분당 〈한책협〉에 책 쓰기 1일 특강을 들으러 왔다. 그때 S감사님께 서울 분당에 있다고 말씀드렸다. 시간이 되시면 식사 대접을 해드리고 싶었다. 그 뒤에도 1일 특강이 있어 분당에 왔었지만 수업 시간이 늦어 감사님을 뵙지 못했다. 코로나가 사라지면 감사님께 맛있는 식사를 대접할 것이다. 아무런 조건도 없이 내가 감사님께 드린 것도 없는데, 감사님은 모든 것을 다 챙겨주신 분이다.

내가 54년 살면서 나라는 존재를 귀하게 여기며 인정해주시고 그리고 경남은행을 그만둔 지 30년이 지난 지금도 감사님은 항상 따뜻하게 전화 드리거나 문자 드리면 반갑게 맞아주신다. 지금은 80세가 넘으셨다. 100세까지 사모님과 가족 모두 건강하시기를 바라는 마음 간절하다. 내가 무슨 복이 있어 S감사님을 만나 30년 동안 따뜻한 마음을 나눌 수 있는지 너무 감사하고, 이제는 감사님이 베풀어주신 만큼 나도 자주 찾아뵙고 맛있는 것도 사드리고 가끔 전화도 드리고 싶다. 54년의 내 인생도 한 사람의 은인을 만나 불행한 인생은 아니었다는 생각이 든다.

초등학교 친구 중에 L이 있다. 딸이 중학생이었을 때, 나는 주식 투자를 실패해서 경제적으로 많이 어려웠다. 친구가 근무하는 진해 마트에 가서 딸의 등록금을 빌린 적이 있다. 벌써 오래전 이야기지만 L친구에게 감사하다는 말을 전하고 싶다. 옛날에는 자주 통화도 하고, 친구의 조언도 듣고는 했는데 이제는 서로 살기 바쁘다 보니 1년에 한 번 보기도 어렵다. 초등학교 친구들 모임은 있지만 아직 마음의 여유가 없어 초등학교 동창 모임은 가보지 못했다.

나는 컨트리 캐디로 12년째 일하고 있다. 12년 중 10년 정도를 밥을 해서 찬합에 담아 냉동실에 넣어두고, 겨울마다 김장김치를 한통씩 주고, 곰국을 해오거나 쑥국을 끓여다 주는 J동생이 있다. 동생은 아무런 조건 없이 그냥 내게 많은 것을 베푼다. 그래서 나는 항상 마음속으로 다짐을 한다. '성공하면 잘해줘야지! 그리고 함께 일해야지!' 일어나지 못할 때에는 옆집의 담을 넘어와 현관문을 30분씩 두들겨 나를 깨워 회사로 데리고 간다. 10번은 넘게 깨웠을 것이다. 내가 무슨 복이 많아 이런 동생이 곁에 있는지 모르겠다. 나의 핸드폰 저장 이름은 천사 J로 되어 있다. 빨리 성공해서 신세를 갚고 싶다. J야! 사랑해! 그리고 10년 동안 밥 챙겨줘서 고마워!

54년 사는 동안 남편복은 없어도 S감사님을 만난 큰 복, 평생 챙겨주는 7남매 가족들, 특히 고마운 큰언니, 그리고 컨트리 동생 J 그리고 동생 B 항상 챙겨줘서 고맙다! 평생 함께하자, 고맙다! 동생들아! 사랑해!

평생 살면서 자기와 코드가 맞는 사람을 만나기란 쉽지 않다. 12년을 같이 일해도 진정 위하는 마음으로 정을 나누는 사람은 많지가 않다. 겨우 5명 정도 마음을 나눌 뿐이다. 서로 같이 있으면 마음이 편안하고, 같이 있으면 시간 가는 줄 모르는 그런 사람들 속에 있는 것은 행운이다. 한 번뿐인 인생을 나와 마음이 잘 통하고 잘해주고 싶은 사람과 같이 일하고 생활한다는 것은 복이 많은 사람이다. 그러고 보면 난 행운아임에 틀림이 없다.

6

세상은 내 생각대로 되지 않는다

나는 소중한 사람들에게 "사랑한다!"라는 말을 자주한다.
당신은 사랑한다는 말을 얼마나 자주하는가?

– 《기적수업》 구세주 김도사 –

23살 경남은행 비서실에서 근무할 때의 일이다. G여직원이 있었다. K 전무님 비서로 착하고 예쁘고 부지런한 동생이었다. 동생은 아침에 출근해서 속이 더부룩하다며 겔포스를 항상 먹곤 했다. 미장원에 가서 예쁘게 드라이를 하고 오면 얼굴이 빛나 보였다. 동생은 어릴 때부터 수명이 짧다는 얘길 듣고 부모님께서 17살 될 때까지 절에서 키우셨다고 했다. 그 뒤 부모님과 결혼할 때까지 같이 살았다. 24살 정도에 결혼을 했다. 결혼 후 아들을 낳고 돌잔치를 할 때 쯤 동생이 위암으로 세상을 갑자기 등지게 되었다. 정말 안타까운 일이었다. 다행히 동생이 가입해놓은 종신 보험금이 나와 남편과 아들은 넉넉하게 돈 걱정 없이 살아갈 수 있다고 한다. 정말 불행 중 다행이다. 하지만 동생이 없어 내 마음은 착잡했다.

우리 엄마 역시도 16살에 부산 광안리에서 함양 산청에 사는 가난한 우리 아버지에게 시집을 왔다. 아무것도 없는 가난한 농부에게 어떤 연유로 거기까지 시집을 가게 되었는지 엄마에게 물어보지 못했다. 16살에 시집와서 시어머니의 그 위 증조할머니까지 모셨다고 한다. 그리고 시집살이를 심하게 하셨다고 했다. 엄마와 아버지는 산청에서 4남매를 낳고 진해시 태백동 10번지로 이사를 오셨다. 아버지가 소학교를 나오셔서 조금 머리가 깬 사람이었다. 아버지는 필체도 명필이셨다. 한자도 얼마나 바르게 쓰시는지 모른다. 제사 때마다 내가 제사가 끝나면 종이를 태워서 아버지의 필체를 항상 보아왔다.

엄마는 시집을 와서 우리 8남매, 딸 다섯 아들 셋을 낳고 키우며 온갖 고생만 하시다가 이제 좀 살 만하니까 내 결혼식이 끝나고 3개월 뒤 간암 말기 선고를 받고 돌아가셨다. 한참 우리가 클 때는 도시락을 20개를 쌀 때도 있었다. 또 돌아가시기 전까지 엄마는 경화동까지 왔다 갔다 2시간 거리에 있는 철공소에서 녹을 닦는 일을 하셨다. 우리를 키워야 했기에 엄마는 쉴 수가 없었다. 버스비를 아끼기 위해 엄마는 회사까지 걸어 다니셨다. 겨울에 어묵을 파는 가게에 가서 평생 어묵 한 번 사 드신 적이 없다. 가족들이 목에 걸려 국물만 한 모금 주인 눈치를 보며 드시고 오시는 것이 전부셨다. 자신을 위해서 옷을 사본 적도, 화장을 제대로 한 번 해본 적도 제주도를 구경한 적도, 설악산을 구경하신 적도 없다. 말 그대로 희생만 하시다가 돌아가셨다.

가정 형편이 어려워 동사무소에서 기초수급자 신청을 하라는 통보를 받았다. 하지만 엄마는 우리 8남매의 자존감을 지키기 위해 끝까지 기초수급자 신청을 하지 않으셨다. 돈이 없어 새벽마다 옆집에 준비물 값 빌리러 다니시고, 등록금 구하러 다니시는 것을 많이 보고 자랐다. 가진 돈은 없어도 우리의 자존심을 끝까지 지켜주고 싶었던 엄마의 강인함을 내가 안다. 중학교 때 등록금을 제때 내지 못해 담임 선생님께 매번 불려나가 언제까지 기약도 없는 등록금 납부 날짜를 얘기해야 하는 곤욕은 공부하는 학생으로서 엄청난 정신적인 고통이었다. 나뿐만이 아니라 8남매 모두의 고통이었을 것이다.

엄마는 8남매를 누구의 도움도 없이 당신의 힘으로 탯줄을 끊고, 낳고 미역국을 끓여 드시고, 다음 날이면 어김없이 논에 나가 일을 하셨다. 그래서 엄마의 몸이 더 안 좋아지시고, 8남매를 키우는 그 정신적, 금전적 고통 때문에 55세라는 꽃다운 나이에 돌아가신 것이다. 그래서 나는 엄마 인생 몫까지 살아야 하는 의무감을 가지고 열심히 남보다 2배로 인생을 살고 싶은 욕심이 있는 것이다. 나는 엄마의 인생까지 사는 사람이다.

어느 날 막내를 가지게 되었다. 없는 살림에 또 임신을 한 것이다. 수술비가 없어 엄마는 막내를 떼기 위해 높은 장독대에서 뛰어내리시기도 하고, 10년 묵은 독한 간장을 한 바가지 드신 적도 있다. 하지만 막내는 세상에 태어났고 딸 다섯 중에 제일 예쁘다. 막내가 태어나 얼마나 기뻤는지 모른다. 나는 막내를 하루에 3번씩 씻겼다. 엄마가 "아를 씻겨 조진다."라고 맨날 나무라셨다.

지금은 살림 잘하고 부동산 재테크도 잘하는 대기업 지점장 사모님이 되었다. 아들과 딸도 낳아 예쁘게 키우고 있다. 막내는 맏며느리로 맡은 일을 잘하고 있다. 명절마다 딸 다섯이 콘도에서 1박 2일로 만날 때 새벽 6시에 일어나 제사 음식 준비와 전을 구웠다는 얘기를 듣고 감탄사가 절로 나왔다. 사람은 환경의 동물이라고 철부지고 아무것도 할 줄 아는 것이 없다고 생각했는데 벌써 30대 후반이 되어 누구보다 잘 살아가고 있어 대견하다. 참 세월이 빠르다는 것을 절실히 느낀다.

내 나이 33살이 된 어느 날 남편이 유적지 답사를 갔다 오겠다고 했다. 그때까지는 나는 별 생각 없이 살았다. 그런데 3일 뒤 남편이 딸기를 사 들고 집에 돌아왔다. 그리고 딸 머리 묶는 방울까지 사가지고 왔다. 무엇을 사들고 집에 오지 않는 사람이었다. 여자의 육감이라는 촉은 참 신기하다. 나는 아무 말 없이 그냥 차에 가보았다. 내 물건이 아닌 여자의 드라이 브러쉬가 차 안 보관함에 있었다. 그날 나는 남편에게 아무 말도 하지 않았다. 그 뒤부터 남편의 귀가 시간은 새벽 5시가 되기 일쑤였다. 딸과 나는 새벽 5시까지 베란다에 매달려 남편이 오기만을 기다렸다. 하지만 그는 돌아올 기미가 보이지 않았다.

학교에 당직을 서는 날 예고 없이 학교에 가보았다. 금방 통닭을 먹은 흔적이 있어 학교 화장실을 다 뒤져보았다. 휴지에 묻은 루즈 자국만 있을 뿐 그 여자는 날렵하게 빠져나가고 없었다. 그렇게 6개월이라는 고문의 시간들이 지나갔다. 남편을 미행하기에 이르렀다. 경남은행에 손 편지를 보내주던 그 사람은 어디에도 없었다. 시골에서 복숭아를 따며 서로 주고받던 그 눈길은 어디에도 찾아볼 수 없었다. 땀 흘리며 감나무에 감을 수확하던 그 다정한 사람은 이제 내 곁에 없었다. 그 여자를 만나보기로 마음을 먹었다. 그 여자에게 전화를 했다. 그 여자는 아주 당당하게 내 앞에 앉아 있었다. 나와 똑같이 깡마르고 키 작은 여자가 앞에 있었다. 친정 오빠에게 의논을 했다. "마음 떠난 사람 붙들면 뭐 하겠노? 그냥 헤어지는 게 서로에게 안 낫겠나?" 하는 오빠의 조언을 듣고 나는 마음을 정리했다. 사람의 인연이란 것이 인력으로 되지 않는다. 사람의 마음은 내가 얻고 싶다고 얻어지는 것이 아니고, 내가 좋아한다고 상대방이 나를 꼭 좋아하리라는 법은 없다. 인연이 다 하면 상대방의 목소리가 듣기 싫어진다. 우리의 인연은 여기까지였다. 세상일은 내 생각대로 되지 않는다. 이혼을 하고 시골에 딸을 키워주신 시부모님 댁에 가서 마지막 인사를 드렸다. 택시를 타고 시골에 갈 때 난 하염없이 흘러내리는 눈물을 주체하지 못했다. 시부모님은 별말씀은 하지 않으셨다. 시아버지께서 "인연의 매듭을 풀자!"라고 말씀하셨다. 원래 팔은 안으로 굽는다. 시어머니께서는 우리와 헤어질 때까지 눈물만 흘리셨다. 누구보다 나를 가엾게 느끼셨을 것이다. 그렇게 부지런하고 올바른 시부모님도 이혼 후 단 한 번도 딸에게 전화를 하신 적이 없다. 그리고 생각보다 두 분은 빨리 돌아가셨다. 우리 모녀를 생각하며 마음고생이 심하셨을 것이다.

어느 날 꿈속에 검정색 리무진 차가 보였다. 차 위에서 해골 2개가 고속도로에 굴러 떨어지는 것을 꿈에 보았다. 예전에 살던 아파트 부동산에 근무하던 H언니에게 전화를 걸어 물어보았다. "시부모님이 오래전에 돌아가셨어!" 시어머니, 시아버지께서 돌아가셨다고 했다. 상가 집에도 가보지 못했다. 딸을 4년 동안 키워주셨는데 '얼마나 보고 싶었을까?' 생각만 해도 가슴이 메어온다. 딸이 결혼 날짜를 잡으면 시골에 시어머니, 시아버지 산소에 사위를 데리고 인사드리러 가볼 생각이다. 그게 사람의 도리가 아닌가 생각한다. 딸을 7살에 보고 못 보셨으니 많이 보고 싶으실 것이다. 딸과는 천륜이다.

아버지는 83세의 나이로 건강하게 부지런히 사시다가 돌아가셨다. 엄마가 내 나이 26살에 돌아가셨으니 25년 동안 아버지는 혼자 밥해 드시고 혼자 외롭게 사시다가 돌아가셨다.

얼마나 외로웠을까? 하지만 아버지는 표 내지 않으셨다. 돌아가시기 전까지 깨끗하게 부지런히 사시며 배추, 대파, 양파, 무를 키워 딸들에게 나누어주셨다. 고추장, 된장도 직접 담아 딸들에게 주셨다. 지금 생각하면 그것이 아버지의 유일한 즐거움이셨다.

돌아가시기 1주일 전 양산에 있는 요양원에 갔었다. 아버지가 10만 원짜리 수표 4장과 만 원권 몇 장이 들어 있는 지갑을 내게 주시며 "이것 때문에 잠을 못 자겠다. 네가 좀 가지고 있어."라고 하셨다. 그리고 며칠 뒤 아버지는 이제야 마음이 놓이셨는지 하늘나라로 조용히 떠나셨다. 그렇게 우리 아버지는 8남매를 키우시다가 자신을 한번 돌아볼 여유도 없이, 엄마도 없는 25년 외로운 세월들을 혼자 견디며 사시다가 가족에게 아무런 수고로움도 남기지 않고 조용히 돌아가셨다.

아버지가 돌아가시고 입관할 때 나는 아버지의 그 싸늘한 얼굴을 감싸 안고 오열했다. 딸 5명은 아버지에게 별로 정이 없다. 성실하고 평생을 일만 하다 돌아가셨지만 딸들에게 마음과는 다르게 모진 말과 가끔 발길질을 하셔서 우리 딸들은 마음의 상처가 컸다. 그래서 딸들은 약속이라도 한 듯이 아버지를 벗어나기 위해 결혼을 빨리 했다. 그냥 집을 나와 회사 근처 원룸이나 오피스텔에 살아도 되는데 워낙 틀에 박히고 융통성 없는 사람들이다 보니 그 생각은 하지 못하고 친정을 벗어나기에만 급급했다. 지금 생각해도 참 어리석은 생각이었다. 그래도 좋은 인연을 만나 결혼해서 행복한 가정을 꾸리고 살아가고 있어 더 이상 바랄 것은 없다.

7

행복과 불행을 결정하는 건 내 마음

지금 이 순간에 목숨을 걸고 진정 최선을 다하라.
그러면 우주는 그다음 순간을 위한 가장 좋은 장소로 당신을 인도하게 된다.

– 《기적수업》 구세주 김도사 –

　사람이 살다 보면 행복할 때도 있고 큰 불행을 당할 때도 있다. 세상에는 불행한 사람만 있는 것도 아니고 행복한 사람만 있는 것도 아니다. 어떨 때는 행복과 불행이 공존하기도 한다. 나는 마산여상 야간고등학교 3년을 다니면서 짝사랑으로 행복하기도 했고, 친구 5명을 얻어 마냥 즐거운 나날을 보낼 수 있었다. 친구들과 서로 경쟁하기도 하고, 3학년 때에는 부산 태종대에 놀러갔다 오는 길에 남학생과 미팅을 해서 행복한 시간을 보내기도 했다. 그곳에서 내 운명 K를 만나 아름다운 추억을 간직하기도 했다. 지금도 잊지 못하는 것을 보면 그 사람은 참 멋진 사람이었다. 지금은 좋은 부인을 만나 두 아들을 낳고 행복한 결혼 생활을 하고 있다. 페이스북으로나마 그 사람 얼굴을 볼 수 있다. 고등학교 친구들과 하얀 교복을 입고 마산여상 교정에 핀 코스모스 앞에서 사진을 찍었다. 그 사진은 앨범 속에 고이 간직하고 있다. 제일 절친인 J는 12년 전 부산 화명동에서 만나 J집에 가서 두 아들도 보고, 앨범을 보며 친구가 살아온 삶의 흔적을 엿볼 수 있었다. 학교 다닐 때는 3년 동안 거의 매일 얼굴을 보고 살았다. 친구 집에서 공부도 같이 하며 밥도 많이 먹었다. J는 엄마가 빨리 돌아가셔서 언니와 교대로 가족의 식사 준비를 했다. 그리고 학업도 누구보다 열심히 했다. 졸업 후 마산 창동에 있는 삼성생명에서 결혼 전까지 근무를 했다. 지금 55살이 된 우리 친구들 J, K, C, N, K 너무 보고 싶다. 고등학교를 졸업하고 K가 결혼하고 신혼집에 가보고 우리의 만남이 끝이었다. 친구들아! 보고 싶다! 어떻게 살고 있니? 010-5019-3548로 연락해줘! 85년도 마산여상 야간 졸업생 내 생명 같은 친구들아! 보고 싶다!

꼿꼿이 선생님이 남편의 형수 친구였다. 선생님의 소개로 전 남편과 3번 만나 결혼을 했다. "달셋방부터 살 수 있겠느냐?"고 내게 물었다. 나는 1초의 망설임도 없이 "살 수 있다."라고 대답했다. 나는 은행원이고, 남편은 고등학교 선생님이라 두 사람이 알뜰히 하면 굶어 죽을 일은 없다고 생각했다. 막내라 손 벌릴 사람도 없고 우리만 잘 살면 되었다. 그때 결혼할 당시 직원들이 선생님 사모님이라며 결혼 잘한다고 많이 부러

위했다. 나는 경남은행 영업부에 대출금 천만 원을 대출받아 결혼식을 올렸다. 그때 당시 오빠의 사업 실패로 우리 집에는 많은 빚이 있었다. 엄마와 나는 오빠의 빚을 갚아야만 했다. 결혼 후 한 달 뒤 남편이 천만 원 적금을 타서 갚아주었다. 미워할 수 없는 사람이다. 결혼 후에도 8년 동안 남편과 음성을 높이며 싸워본 적이 없다. 새벽 6시에 일어나 출근 준비를 하고 7시에 출근해서 밤 8시에 마산 집에 귀가를 한다. 그 생활을 8년간 반복했다. 싸울 시간이 없던 것도 있겠지만 퇴근하면 자고 다시 출근하기에 바빴다. 일요일에는 딸이 시골에 있어 딸을 보기 위해 시댁에 4년 동안 내려가야 해서 우리는 싸울 일이 거의 없었다. 딸이 태어나 행복한 결혼 생활을 했다고 해도 틀린 말은 아닐 것이다.

큰언니는 내 인생의 경조사에 항상 내 곁에 있었다. 결혼해서 학교 선생님 집들이 할 때도, 은행 직원들 집들이 때에도, 딸 백일 때도, 돌 때도, 새 아파트에 이사할 때도, 심지어 이혼할 때에도 먼 곳까지 찾아와 곁에 있었다. 내 목숨을 달라 해도 주고 싶은 언니다. 그래서 나는 큰언니를 엄마라고 생각하며 살았다. 회사 직원들 부모님들이 키우시는 더덕, 포도, 인삼 이런 것들이 있으면 큰언니에게 택배로 보내준다. 나는 안 먹어도 우리 큰언니에게 다 보내준다. 내가 이 세상에서 딸 다음으로 사랑하는 사람이다. 죽을 때까지 은혜를 다 못 갚을 사람이다. A언니야! 사랑해! 그리고 고마워! 살면서 은혜 갚을게!

큰언니는 두 딸을 혼자 힘으로 대학 공부를 시켰다. 마트에서 김치 파는 일을 오래했다. 다리 통증이 심해 양쪽 무릎에 쇠를 박는 다리 수술을 하고 난 뒤 다리가 좀 괜찮아졌다. 매일매일 반신욕을 하기 위해 목욕탕을 간다. 언니는 우리 8남매 중에 가장 고생을 많이 한 사람이다. 8남매의 맏이로 항상 마음이 무겁고 어깨가 무거웠다. 그래서 언니는 "맏이 하기 싫다!"라고 우리에게 얘기 한다. 아무것도 하지 않아도 힘든 자리가 맏이다. 우리 8남매는 언니 집에 주말마다 다 모였다. 가난하게 살았지만 우애가 좋았다. 그때 나는 은행을 다니고 있었기 때문에 피자를 사서 동생과 조카들과 나누어 먹으면서 행복한 시간을 보냈다. 큰언니가 일을 마치고 올 때까지 동생들과 이런저런 얘길 하면서 시간을 보냈다. 그때가 제일 행복한 시간이 아니었나 싶다.

큰언니 조카가 3살, 4살 때 남해 상주 해수욕장에 간 적이 있다. 큰언니가 맛있는 반찬을 많이 준비했다. 소고기도 볶고, 통닭도 사고, 밑반찬과 과일도 많이 준비해서 해수욕장에 갔다. 가는 길에 3살 Y가 이선희의 〈영〉을 옥구슬 굴러가는 목소리로 노래를 불러주었다. 조카 Y의 낭랑한 목소리가 아직도 귀에 생생하게 들린다. 그날 아름다운 사진들을 많이 찍었다. 앨범 속에 고이 간직하고 있다. 3살, 4살이던 조카가 이제는 어엿한 중학교 국어 선생님, 은행원이 되어 결혼을 하고 아파트도 사고, 아들딸을 낳고 행복한 결혼 생활을 하고 있다. 세월이 유수와 같다. 큰언니가 손자, 손녀를 키우고 있다. 1년에 한두 번 외국에 여행도 다녀온다. 가난했던 어린 시절의 흔적은 이제 찾아볼 수가 없다. 큰언니의 피나는 노력으로 두 딸은 성공한 인생을 살고 있다. 언니도 여행하면서 두 딸에게 용돈도 받아 행복한 제2의 노후를 살아가고 있다. 노력은 사람을 배신하지 않는다는 것을 새삼 깨닫게 되는 시간이 되었다. 큰언니는 옷맵시가 좋았다. 벚꽃이 피는 봄날 하늘하늘 하게 아름다운 원피스를 입은 언니의 모습을 잊을 수가 없다. 마음 착한 언니가 두 딸을 훌륭히 키워 아파트도 사고, 손자 손녀도 건강하게 키우는 모습을 보니 내가 더 뿌듯하고 흐뭇하다.

인간 승리가 따로 없다. 나는 우리 큰언니를 '인간 승리자'라고 부른다. 마트에서 힘들게 일해 조카들을 대학 공부시키고 이렇게 행복하게 살고 있으니 동생으로서 더할 나위 없이 좋다. 언니야! 고생했어! 이제는 딸도 다 키웠으니 언니의 행복한 인생을 꾸려가길 바란다. 뒤에 성공하면 언니의 노후는 내가 책임질게, 세계 일주하면서 행복한 노후를 살아가자! 우리 곁에 있어줘서 고맙고, 건강해서 고맙고, 언니가 있어 우리 8남매가 아무 걱정 없이 잘 살아가고 있다. 언니야! 많이많이 사랑하고 고맙다! 비록 가진 것은 없어도 언니가 있어 우리는 부자고 행복하다.

사람의 행복과 불행은 종이 한 장 차이라고 생각한다. 행복인가 싶으면 불행인 것 같고, 불행인가 싶으면 그것은 불행을 과장한 행복이다. 불행은 행복을 주기 위한 하나님의 테스트 과정에 불과하다. 결국 우리에게 행복이라는 삶의 고귀한 선물을 주기 위해 깜짝 이벤트를 하시는 것이나 다름없다.

내가 2019년 9월 21일 교통사고로 코란도 밴이 고속도로에서 나뒹굴어 그 자리에서 폐차가 될 정도로 사고가 크게 일어나 죽음 앞에 갔다 온 것도, 김도사님을 만나 작가가 되고, 1인 창업가가 되서 젊은이들에게 54년 동안 살아오면서 실패한 이야기, 성공한 이야기들을 들려주는 강연가, 메신저, 동기부여가, 라이프 코칭가가 되어 이 세상 젊은이들에게 삶의 빛이 되어주고, 천직을 알려주기 위해서였다. 그래서 김도사님을 뵙고, 1일 책 쓰기 특강을 듣고, 6주 책 쓰기 과정을 신청하고, 1인 창업 과정 수업을 듣고, 네이버 카페 '한국캐디양성사관학교'를 오픈해서 젊은이들에게 라이프 코칭을 하고 있다. 자신의 천직을 알고 싶은 분, 특히 소녀가장들은 내 말을 귀담아들어주길 바란다.

10년만 목숨 걸고 일을 하면 누구나 5억을 벌어 인생을 바꿀 수 있다. 자신이 원하는 미래를 가꿀 수 있다. 행복과 불행은 한마음 속에 있다. 현재가 어렵고 힘이 들어도 내일의 꿈이 있어 우리는 힘을 내서 살아갈 수 있다. 우리는 현재를 사는 것이 아니라 미래에 내가 꿈꾸고 있는 나의 빛나는 미래, 내가 상상하고 생각한 미래의 꿈을 현재 다 이루었다고 생각하고 살아간다면 힘들고, 고달프고, 배고프고 견디지 못할 가난도 잘 견뎌내리라 생각한다. 다 이루어놓은 끝에서 시작하자! 상상의 힘으로 생각이 현실이 되는 것을 믿고 살아가자!

어제 일을 마치고 집에 오후 10시에 도착해 책상에 앉아 세수도 하지 않고 책을 쓰다가 잠이 들었다. 씻으면 바로 잠이 들까 봐 도착하자마자 책 쓰기를 했다. 새벽 2시 반쯤 잠이 들었다. 2020년 4월 5일 〈한책협〉에 1인 창업 과정 수업이 있어 아침 10시에 일어나 어제 쓴 글을 마무리하고 김해공항으로 짐을 꾸려 출발했다. 아버지 성격을 닮아 무슨 일이 있으면 다른 일을 못 하는 성격이다. 아버지는 오후 2시에 결혼식이 있으면 새벽 6시에 양복을 입고 결혼식 시간을 기다리는 성격으로, 그만큼 미리미리 준비하시는 분이셨다. 나 역시 좀 그런 편이다. 4월 5일 내일 오후 1시 교육인데 서울에 4일 날 오후 6시에 도착했다.

서울에 미리 와 있는 것이 마음이 편하다. 한 달 만에 서울에 올라와 딸의 얼굴을 보니 좋다. 이제 29살이 되어 2년 동안 호텔리어로 일하고 있다. 딸은 항상 자기 계발을 위해 영어와 일어를 끼고 산다. 그런 공부를 하며 미래를 위해 준비하는 우리 딸이 대견하다. 야간반이라 출근 준비하는 모습을 보니 '내 배속에서 나왔는데 왜 저리 예쁘지?' 하는 생각을 했다. 나처럼 비현실주의자도 아니고, 검소한 현실주의라 좋다. 알뜰하게 살아가는 딸의 모습을 보니 너무 행복하다. 딸에게 줄 곰탕을 사가지고 왔는데 맛있게 먹었으면 좋겠다. 이러한 소소한 행복이 행복이지 무엇이란 말인가? 행복은 멀리 있지 않다. 딸의 어깨 너머에 있고, 딸의 말 속에, 미소 속에 숨어 있다.

8

나의 미래를 믿어주기

성공은 준비된 자가
기회를 만날 때 이루게 된다.

- 《기적수업》 구세주 김도사 -

나는 나의 미래를 믿는다. 남의 미래는 알 수 없으나, 나는 살아오면서 나 자신을 항상 믿어왔다. 남들이 나를 알아주지 않아도 나는 내가 열심히 살아가고 있고, 노력하고 자기 계발에 시간과 돈을 투자하며 살아 왔기에 누구보다도 나 자신을 믿었다. 그리고 나의 미래를 믿는다.

항상 열심히 살아도 금전적으로 쪼들리고 힘들지만, 그래도 지금은 딸을 대학 공부를 다 시켰고 딸도 호텔리어로 일하고 있어 지금이 우리의 인생에서 가장 행복한 시간이 아닌가 하는 생각이 든다. 큰언니, 작은언니, 여동생들이 나를 제일 걱정하지만 나는 언니, 동생들이 걱정하는 만큼 걱정을 하지는 않는다. 그것은 단 하나, 나는 나를 믿기 때문이다.

나는 마산여상 야간고등학교 3년을 다니면서 미래만을 보며 살아왔다. 현재는 가진 것 없고 초라하고, 남들이 보면 불쌍하게 볼지 모르지만 나는 나의 창창한 미래가 있어 추위도, 어둠의 무서움도, 가난도 견뎌낼 수 있었다. 고등학교 친구들 5명도 이런 내 마음과 같은 마음으로 서로 의지하며 3년의 힘겨운 학업과 현실을 이겨냈을 것이라고 생각한다. 하늘은 스스로 돕는 자를 돕는다는 것을 우리는 그때 알고 있었다.

고등학교 3년 동안 마산과 진해 등하교하는 버스 안에서 그 2시간을 귀하게 아끼며 공부를 했다. 주산은 진해조선소 급사를 하면서 점심시간 1시간 중 10분 만에 물에 밥을 말아먹고 남은 50분에 주산 연습을 해서 2급 자격증을 취득했고, 부기는 수업을 마치고 집으로 돌아가는 버스안의 공부로 2급 자격증을 취득했다. 타자는 타자 시간에 집중해서 연습을 하였고, 부족한 부분은 방학 때 타자학원을 다녀 부족한 부분을 메워 한글 2급, 영문 2급 자격증을 취득했다. 3년 동안 일요일엔 새벽 6시에 진해 탑산 밑 도서관의 문을 내가 맨 먼저 열고, 밤 11시에 제일 마지막 도서관 문을 닫고 나왔다. 중간에 공부를 했는지 안 했는지는 중요하지 않다. 그곳에 내가 앉아 있은 것을 나는 더 중요하게 생각하는 편이다. 사람은 틀에 갇혀 있어야 성실하게 공부를 해나가는 습성이 있다. 작은 습관들이 성공을 이루게 하는 발판이 되는 것이다. 작은 습관을 우습게 생각해서는 안 된다. 작은 습관들이 모여 한 사람의 운명을 바꿔놓는다.

나는 33살에 이혼과 주식 투자로 실패하여 20년동안 금전적으로 엄청난 고통을 받으며 살아왔다. 남들이 생각하지 못할 만큼 죽음을 많이 생각하며 힘든 시기를 견뎌내야만 했다. 딸과 함께 3일 동안 먹을 것이 없어 물만 먹고 산 적도 있고, 하루에 라면 한 봉지만으로 6개월을 버티며 산 적도 있다. 단돈 만 원이 없어 중국에 있는 동생에게 만 원만 송금해 달라고 부탁하며 지낸 것이 손으로 셀 수 없을 만큼 많다. 하지만 사람이 궁지에 몰리면 없던 능력도 생기기 마련이다.

딸을 공부시켜야 하고, 그리고 아직 살아갈 날이 많이 남아 있어 정신을 차려야 한다고 생각했다. 쌍용자동차에 영업 사원을 모집한다는 공고가 났다. 나는 영업을 해본 적은 없지만 이제는 살아야 했기에 찬밥 더운밥을 가릴 때가 아니었다. 이력서를 가지고 쌍용자동차에 갔다. 기본급이 없이 다음 날부터 영업 업무를 시작했다. 전단지에 내 명함을 찍어 양손에 두 가방을 들고 회사를 나섰다. 그날부터 3년 동안 아침 8시부터 밤 12시까지 퇴근하지 않았다. 부산, 양산, 울산, 진해, 창원, 마산, 김해 모든 기업체 사장님께 내 전단지와 명함을 직접 손에 쥐어드렸다. 수시로 기업체 사장님들께 DM과 TM을 했다. 계약할 수 있는 가망 고객을 A, B,

C로 나눠 고객을 관리했다. 벼룩시장 신문이 걸려 있는 곳에 내 팸플릿 걸이도 만들어 나란히 걸어두어 한 사람의 고객이라도 놓치지 않기 위해 노력했다. 하늘은 노력하는 자를 배신하지 않는다.

3년 후에는 매월 5대를 파는 영업사원이 되어 있었고, 어떨 때는 월 10 대를 팔기도 했다. 고객이 친척, 친구를 소개해주어 한 사람으로 인해 3 대를 팔기도 했다. 어떤 고객님은 내가 차를 많이 판다는 얘기를 듣고 회 사를 퇴사하고, 쌍용자동차 영업 사원으로 취업을 하기도 했다. 그리고 차를 잘 팔아 참 다행이라고 안도의 한숨을 쉬기도 했다.

쌍용자동차 영업으로 영업에 자신이 생길 때 양산 신도시로 이사를 하 게 되었다. 처음 M 부동산에 입사를 했다. 급여를 80만 원을 주기 때문 에 입사를 안 할 이유가 없었다. 그때 여자 3명, 남자 3명 정도 같이 입 사를 했다. 나의 업무는 진해 K아파트 분양권 매매 담당이었다. 그때는 부동산 붐이 일어 프리미엄이 3,000만 원 정도 선에서 거래가 됐다. 돈 이 돈을 버는 시기였다. 하지만 나는 그때 돈이 없어 돈 벌 기회를 가지 지 못했다. 한 달에 20건이 넘는 분양권 명의 변경을 했다. 그 뒤 상가 분 양 사무실에서 급여를 받고 다시 일하게 되었다. 비록 급여를 받는 경리 지만 나는 이 상가에 사장이라는 마인드로 일을 했다. 아침 8시부터 양산 이마트가 문을 닫기 전, 밤 11시 반 전에는 퇴근을 하지 않았다. 딸에게 상가 분양 사무실에서 텔레비전을 보라고 하고, 나는 기업체에 전단지와 명함을 우편으로 발송했다. 옆 건물 분양하시는 분들이 "왜 문수빈 씨는 퇴근을 안 하냐?"라면서 원성이 높았다고 한다. 지금에 와서 본의 아니게 피해를 드린 다른 상가 분양 사무실 직원에게 사과를 드리고 싶다. 내 금전적인 사정이 딱하다 보니 남을 돌아볼 마음의 여유가 없었다. 하루에 1층을 통으로 계약한 적도 있다. 건설회사 회장님께서 수고했다며 봉투에 150만 원을 넣어주셨다.

옆 건물 모델하우스에서 상가 분양 영업사원을 모집한다는 공고가 났다. 나는 Y타워가 거의 분양이 마무리되어가는 시점이라 사직서를 내고, 상가 분양 영업을 시작했다. 기본급이 없이 시작했지만 그런 것에 연연해하지 않았다. 영업은 내 노력만큼 결과가 나온다는 것을 알기에 나 자신을 믿었다. 기업체 사장님과 학교 교장 선생님, 약사님에게 집중적으로 상가 분양 안내를 드렸다. 그래서 첫 달 영업 수당으로 1,300만 원을 받았다. 직원들이 다 모인 자리에서 현금으로 그 돈을 받았다. 직원 식사비로 50만 원을 드리고 책을 사서 직원들에게 감사편지와 함께 전해드렸다. 영업은 나 혼자의 힘으로 되지 않는다. 그분들의 노력이 있었기에 계약이 나온 것이라고 생각한다.

딸을 대학도 보내야 하고 미국 유학을 보내겠다는 꿈이 나에게 있었다. 그래서 상가 분양 일을 과감하게 접고, 부산 화명동 실내연습장에서 1년 동안 골프 연습한 그것 하나로 이력서를 들고 골프장에 찾아갔다. 나이가 많아 걱정이 되었지만, 자신에 대한 믿음으로 컨트리 캐디가 될 수 있었다. 나는 2개월간의 캐디 교육을 마치고 3월 23일쯤 번호를 받았다. 그래서 사장님께 인사를 드리고 일을 했다.

번호를 받은 날 이후부터 나는 8년 동안 1년에 딱 5일 엄마 제사에 맞춰 휴가를 썼다. 7월 7일 엄마 제사가 끝나면 4일 동안 나는 병원에 입원하여 수액주사를 맞았다. 1년의 피로가 한꺼번에 밀려와 나를 무너지게 했다. 8년 동안은 비가 오나 눈이 오나 일을 했다. 비가 와서 내 고객이 캔슬을 내면 동생들의 일을 받아 다시 일을 나갔다. 매일 2번 일하는 것을 8년 동안 했고, 8년 동안 2시간 이상 잠을 자본 적이 없다. 나는 딸을 공부시키기 위해 아파도, 아플 수도, 아파서도 안 되는 엄마였다.

회사 동생이 내게 물었다. "언니는 휴가를 왜 안 써요?" 나는 그저 웃기만 했다. 일이 끝나면 세수를 하고 잠시 앉았다가 다시 출근을 했다. 너무 피곤해서 혹시 일어나지 못할까 봐 회사 앞 가로등 밑에서 날이 새기만을 기다린 적도 많다. 그렇게 캐디 생활을 했다. 양손 열손가락이 퇴행성관절염으로 통증이 심하고, 허리 디스크로 왼쪽다리 허벅지 뒤가 송곳으로 내리꽂는 고통을 이겨내며, 12년을 일해 나는 5억을 벌어 딸을 대학 공부를 시키고 미국 유학을 보냈다. 8남매 중 유일하게 가장 여유가 없는 나 혼자 미국 유학을 보냈다.

나는 나의 미래를 믿는다. 오늘 〈한책협〉에서 1인 창업 수업을 들었다. 네이버 카페 제작도 신청했다. 책이 출판되고 네이버 카페에 '한국캐디양성사관학교'가 개설되었다. 〈한책협〉 김도사님을 만나 나는 하루하루 점점 나아지고 있고, 책을 써서 브랜딩을 하고 1인 창업가로 강연가, 메신저, 동기부여가, 라이프 코칭가로 젊은이들에게 직장의 어려운 문제점들을 상담해주고, 자신의 천직을 알지 못해 방황하는 이들에게 인생의 조언을 해주고 있다. 나처럼 20년 세월을 낭비하여 가난에 허덕이는 삶을 살지 않게 하는 것이 나의 천직이자 사명이다.

9

거절은 거절일 뿐 상처받지 말자

모든 일은 일어나야 할 그 시점에 일어나게 된다.
당장 힘들고 고통스러울지라도 긍정적으로 수용하고 해결해나가야 한다.

- 《기적수업》 구세주 김도사 -

남편과의 이혼은 단지 거절로만 받아들이기로 했다. 지금 이 시대는 이혼이 죄가 되지 않는다. 성격이 안 맞아 이혼할 수도 있고, 인연이 다하여 사랑이 식을 수도 있다.

나는 20년이 훨씬 더 지난 지금 이렇게 생각하며 지내왔다. '이혼하지 않아서 나와 남편 중에 누군가가 죽는 것보다는 이혼이 낫지 않을까?' 이렇게 생각하며 사니 그렇게 큰 상처로 남지는 않는 것 같다. 남편이 죽은 것보다는 딸의 아빠가 이 세상에 있는 것이 더 낫지 않겠는가? 그래도 딸의 혈육이 나 하나인 것보다는 낫다고 생각한다.

어쩌면 남편으로 인해 내 안의 5가지 달란트를 꺼내 썼는지도 모른다. 내 안에 있는 거인을 깨워 지금도 도전하고, 거인이 계속 나와 같이 살아가고 있는지도 모른다. 내가 언제 영업을 해보아서 3년 동안 쌍용자동차를 매월 5대씩을 팔고, 언제 상가 분양 일을 해보아서 3년 동안 20억 커피숍도 계약해보고 1억을 벌 수 있었겠는가? 남편과의 이혼이 없었다면, 내가 주식 투자로 실패하여 단돈 만 원도 없는 상황에서 내 안에 거인을 깨우며 도전했겠는가?

그리고 컨트리 캐디로 12년 동안 일을 하여 5억을 벌어 딸을 미국 유학을 보내고 대학을 졸업시킬 수 있게 되었다. 이혼이라는 거절은 불행의 얼굴을 한 또 다른 나의 삶의 기회를 제공해주었다. 남편과 편안한 일상을 살았더라면 딸을 미국 유학을 보낼 수 있었을까? 그렇지 않다고 생각한다. 원래 사람은 없는 가운데 더 절실함이 큰 법이다.

2020년 4월 5일 1인 창업 수업 과정이 있었다. 양산 집에서 출발할 때부터 마음이 들떴다. 나도 1인 창업가가 되어 내일을 준비할 수 있다는 마음에 한껏 부풀어 있었다. 어제 1인 창업 수업 과정을 마치고 돈은 없지만 카페 제작 신청을 했다. 카페 제작은 순번이 밀려 15번째인가 내 순번이 돌아온다. 구세주 김도사님께서 1인 창업 카페 네임도 만들어주시고, 한 사람의 기업체를 네이버 카페에 만들어주신다.

코로나로 전 세계 기업체가 불황으로 마비가 되고, 항공사는 탑승 고객이 없어 직원을 무급휴가로 쉬게 하고, 대학 등록금을 내야 하는 알바생은 직업을 구할 수 없고, 식당과 회사는 고객이 없어 임대료도 못 내고 직원을 감축할 수밖에 없는 실정이다. 그래서 그런지 내 신용카드 한도가 전부 없어지거나 몇십만 원밖에 쓸 수가 없게 되었다. 교통사고로 코란도 밴를 폐차하고 중고차를 구입하는 데 수리비를 포함해 600만 원이 소요되었다. 목이 비틀어져 추나와 레이저 치료로 많은 시간이 소요되었다. 돈을 벌어야 하는데 왼쪽다리까지 골절이 되어 거의 6개월을 돈을 벌지 못하고, 치료하느라 병원만 다니고 있다. 언제나 불행은 겹쳐서 찾아온다. 하지만 그 불행을 한 얼굴은 항상 기회의 행운의 여신과 함께 내게 다가온다.

교통사고로 난 유튜브에서 구세주 김도사님을 만났다. 2019년 9월 21일 교통사고가 나고 한 달을 병원에 입원했었다. 퇴원 후 유튜버 김도사님을 유연히 만나게 되었다. 그래서 〈한책협〉에 2020년 1월 19일 1일 책쓰기 특강을 듣고, 6주 책 쓰기 신청을 등록했다. 돈이 있어서 등록을 한 것이 아니다. 구세주 김도사님께 기회를 주십사 간곡히 부탁을 드렸다. 내 인생의 마지막 기회, 내가 일어날 수 있는 절호의 기회를 귀하게 얻어 무사히 책 쓰기 6주 과정을 마칠 수 있었다. 그리고 1인 창업 수업 과정도 무사히 마칠 수 있었다. 2020년 4월 18일과 19일엔 책 출판 홍보 마케팅과 카페 활용법을 배운다. 뒤에는 강연과 유튜브를 배울 생각이다. 1인 창업으로 돈이 들어오면 〈한책협〉의 모든 과정을 배워 나를 단단하게 만들 생각이다. 이제 나는 네이버 카페 '한국캐디양성사관학교'를 세웠다. 유튜브도 하고, 블로그도 하고 있다. 지금 김해공항에 도착했다. 구세주 김도사님으로 인해 나는 오늘도 하루하루 조금씩 점점 나아지고 있다. 오늘은 내 네이버 카페 1인 창업 회사에 넣을 대표 사진을 찍는 날이다. 이마트에 가서 파마도 하고, 사진을 예쁘게 찍을 생각이다. 오늘이 제일 바쁜 것 같아도 내일이 더 바쁘고, 계속 다가올 미래들이 더 일이 산재되어 있다. 그러고 보면 오늘이 가장 한가한 때인지도 모른다. 책을 쓰고 있는 이때가 가장 한가한 때인 것이다. 라이프 코칭을 하게 되면 일정을 잡고, 내 일상이 더 바빠질 것이다. 오늘이 제일 한가하다. 밀린 사진도 찍고, 책도 쓰고 네이버 카페 내 회사에 올릴 문구도 생각해야 한다. 비행기는 김해공항에 도착했다. 자 이제, 내 인생이 시작이다!

김해공항에 도착하자마자 네이버 카페에 넣을 대표 사진을 찍기 위해 파마와 염색을 하고 저녁 7시에 사진 스튜디오에 가서 사진을 찍어 8시에 끝이 났다. 책이 나오면 책표지에도 실을 수 있는 괜찮은 사진이 나왔으면 좋겠다. 오늘은 하늘이 참 깨끗하고 맑다. 추운 겨울이 지나고 가로수에 벚꽃이 만발하다. 개나리, 진달래, 목련이 예쁘게 피어 있다. 눈이 있어 파란 하늘을 볼 수 있어 너무 감사한 하루였다. 전 세계가 코로나로 재난 시대이지만 아름다운 꽃들을 볼 수 있어 감사하고 내 인생도 피어 난 꽃들처럼 마지막 꽃망울을 터뜨리기를 바랄뿐이다.

집에 돌아오는 길에 중국에서 12년째 살고 있는 여동생에게 전화를 했다. 서울 분당에서 수업을 받고 왔다는 얘기는 하지 못했다. 전 세계에 코로나로 많은 사람들이 죽어가고, 실직자가 전 세계 적으로 늘어나고 살아갈 길이 막막하여 우리나라 국민에게 40만 원을 주느냐, 50만 원을 주느냐를 논의할 만큼 경제 사태가 심각한 상황이다. 네이버 카페 대표 사진을 찍느라 저녁을 8시까지 먹지 못하고 있다고 하니, "시간을 유용하게 쓰면 식사도 하고 일도 처리할 것인데 굶고 있느냐?"라고 동생이 걱정스런 말을 했다. 나는 "좋은 말만 하자."라고 동생에게 얘기했다. 동생이 옳은 말을 해주는데도 이제는 행복한 말, 긍정적인 말, 좋은 말만 듣고 싶은 욕심이 생겼다. 김도사님 유튜브에서도 부자가 되려면 부자의 마인드를 가지고 부자가 하는 생각들, 상상들을 해야 부자의 그릇이 키워지고 부를 끌어 당길 수 있다고 했다. 동생의 말도, 누군가가 나에게 충고하는 말은 내가 잘못해서 하는 것이고, 내 본분을 다하지 못했기에 듣게 되는 거절인 것이다. 거절은 거절일 뿐 상처를 받아서는 안 된다. 부족한 부분이 있으면 고쳐나가면 된다. 마음의 그릇을 크게 가져야 한다. 유튜브 〈권마담TV〉 대표님께서는 큰 꿈과 야망을 가지라고 하셨다. 그래야만 그 큰 꿈에 맞는 일을 하게 되고, 더 노력을 하게 되고 큰사람이 될 수 있는 것이다.

오늘 택시를 타고 회사로 올라왔다. 택시기사님이 20년 만에 이곳에 오신다고 했다. 20년 만이니 얼마나 많이 변해 있었겠는가? 25년 전에는 이곳에 신혼여행도 오고, 유일하게 휴양지라 이곳을 많이 찾았었는데 그 화려한 옛날은 어디가고 옛 추억만 남았다.

기사님의 고향이 하동이라고 말씀하셨다. "어머니가 91살이신데, 코로나 때문에 집에 내려오지 말라고 해서 어머니를 찾아뵙지 못했다고 했다. 이곳에서 가까우니 오늘 어머니 댁에 가보아야겠다고 말씀하셨다. 그분의 효심이 내 마음까지 전달이 되었다. 마음 착하고 따뜻하신 분의 택시를 타고 올 수 있어 행복한 마음이 들었다.

이처럼 사람 마음은 내 생각하기 나름이다. 내가 행복하다고 느끼는 순간, 행복은 내 마음에 가득 차게 되어 있다. 꼭 금전적으로 풍족한 것만이 행복이 아니라 마음의 충만으로도 충분히 행복한 감정을 느끼면서 살아갈 수 있는 것이다. 행복은 내 마음속에서 내가 만드는 것이다. 23살, 꽃 다운 나이에 경남은행 비서실에 근무할 때 나는 까만색 힐을 신고 계단을 내려오고 있었다. 비서실에서 S감사님 심부름으로 영업부에 내려가는 순간이었다. 그때 '아! 이렇게 행복해도 되나? 이렇게 삶이 충만

해도 되나?' 이런 생각을 했다. 마산여상 야간고등학교를 나와서 경남은
행 비서실에 근무하고 있는 나 자신이 너무 대단하고 나를 칭찬해주고
싶었다. 삶이 참 풍요롭다는 생각을 하며, 비서실에 근무했던 것 같다.
행장님을 모셨던 언니가 영업부 A와 결혼을 하고, 상무님 비서가 인사부
과장님과 결혼을 했다. 내 친구 Y는 국제영업부 직원과 결혼을 했고, 동
생 K 역시 은행 대리와 결혼을 하여 지금은 지점장 부인이 되어 있다. 모
두 인연을 가까이에서 찾아 결혼했다. 인연은 멀리 있는 것이 아니다. 내
가까이에 있다. 인연을 아직 만나지 않았다면 주위를 둘러보자. 인연은
그곳에 있을 것이다. 사랑의 파랑새는 무지개를 찾아 떠나듯 멀리 있는
것이 아니다. 내 옆과 내 안에서 항상 그곳에서 함께했던 사람들이다.

3 장

더 큰 세상을 바라보고 도전한다

1

새로운 나로 태어나기

당신은 어쨌거나 지금 이대로의 삶에 만족하고 있다.
삶이 바뀌지 않는 이유는 이 때문이다.

- 《기적수업》 구세주 김도사 -

2020년 4월 7일 오전 10시 반 출근하는 길이었다. 고속도로에서 나는 100Km로 달리고 있었다. 밀양 고속도로에서 밀려 있는 차를 나는 미처 보지 못했다. 내 차 브레이크를 밟았지만 달리고 있던 차를 멈추기에는 역부족이었다. 앞 차와 그 앞의 차를 받았다. 다행히 차는 파손되었지만 2명은 많이 다치지 않았다. 내 차는 폐차될 만큼 엔진룸이 거의 파손되었다. 에어백이 터지지 않아 핸들에 가슴이 부딪혀 심한 통증을 느꼈다. 급히 119와 경찰서에 신고를 했다. 경찰관이 와서 교통사고 조사를 하고, 렉카가 와서 내 차를 견인해갔다. 119에 실려 밀양에 있는 Y병원에서 엑스레이를 찍었다. 다행히 금이 간 곳은 없었다. 2주 정도의 입원 진단서를 받았다. 왜 나에게 이런 일이 자꾸 일어나는 것일까? 2019년 9월 21일 60대 남자분이 나의 차를 받았다. 내 차는 폐차하고 근 6개월을 비틀어진 목과 몸을 추스르고 이제 조금 회복이 되던 중에 다시 교통사고가 난 것이다. 왜 자꾸 불운이 겹치는지 모르겠다. 이제 돈 벌어야 하는데, 해결해야 할 문제들이 많은데…. 현실은 자꾸만 더 힘들어지고 있다.

2020년 1월 19일 〈한책협〉 구세주 김도사님을 만나 내 운명이 바뀌었다. 나라는 평범한 존재가 책을 써서 작가로서 한 발 한 발 완성되어가고 있고, 나를 브랜딩해서 1인 창업가로 강연가, 메신저, 동기부여가, 라이프 코칭가로 수입의 파이프라인을 구축했다. 하나님께서 하루라도 빨리 나의 일을 하라고 이런 시련의 테스트를 하신 것일까? 내게 더 큰 세상을 바라보고 도전하라고, 회사를 빨리 그만두고 시작하라고 내게 알려주시는 것일까? 교통사고는 이번이 세 번째다. 하나님께서 3번의 황금골든 티켓을 손에 쥐어주셨다. 인생의 기회를 허락해주셨다.

큰언니 형부가 돌아가신 것은 4년 전 추석날이었다. 나는 진해 탑산 밑 병원 장례식장을 갔다가 양산 집으로 가는 길이었다. 고속도로에서 뒤의 차가 내 차를 받았다. 그때 다행히 차는 많이 파손되었으나, 나는 목을 다쳤을 뿐 병원에 입원할 정도는 아니었다. 형부는 지병으로 60대 중반의 나이로 돌아가셨다. 형부는 서울 사람으로 핸섬하고 매너가 좋은 사람이었다. 진해 해군교관으로 근무를 하셨고, 군대를 제대하고 사업을 해보려 했으나 뜻대로 되지 않았다. 내가 아는 형부는 마음이 따뜻한 사람이었다. 형부의 빈소를 큰언니와 두 딸과 가족들이 빈소를 지키고 있었다. 큰언니는 나에게는 엄마와 같은 사람이다. 어린 시절 같이 큰언니와 방을 썼다. 추운 냉골 방에서 언니와 나의 체온만으로 추위를 이겨내야 했다. 가난한 가정 형편으로 고등학교를 졸업할 때까지 연탄불이 들어오는 방에 자본 적이 없다. 그래서 나는 남들보다 추위를 많이 타는 편이다. 항상 덜덜 떨며 자라서인지 몸이 그다지 건강하지도 않다. 크면서 고기 한번 제대로 먹어보지 않았기에 영양분이 많이 부족했을 것이다. 큰언니는 마음이 따뜻하고 요리도 잘하며 내 삶의 모든 대소사를 함께해준 사람이다. 딸 돌잔치, 남편 학교 직원 집들이, 은행 직원 집들이 그리고 아파트를 사서 이사할 때도 함께해준 사람이다. 그래서 나는 성공하면 큰언니에게 내가 받아온 사랑을 꼭 보상해주고 싶다.

교통사고로 몸을 추스르기 위해 집에서 쉬는 동안 유튜브에서 구세주 김도사님을 만났다. 교통사고가 나지 않았다면 나는 돈 버느라 유튜브를 볼 시간이 없었을 것이다. 하나님께서 또 다른 나로 태어나 새 삶을 살아가라고 김도사님을 만나게 해주셨다. 〈한책협〉 구세주 김도사님을 만나 내 운명을 완전히 바꾸었다. 김도사님을 만나지 않았다면 내 삶을 바꿀 수 있었을까? 김도사님을 만나지 않았다면 내 54년 인생은 아무런 꿈도 내일도 없이 그냥 '하루하루를 열심히 살았구나.' 하는 자아도취에 빠져 안일한 삶을 살아가고 있었을 것이다. 이처럼 귀인의 만남은 한 사람의 인생을 송두리째 뒤바꾸어놓을 수 있는 허리케인 같은 강력한 힘을 발휘한다. 사람이 귀인을 만나는 일은 평생에 단 한 번 정도이다. 그러므로 나는 행운아다.

김도사님께서 하고 계시는 유튜브 〈네빌고다드TV〉를 보면서 상상의 힘으로 생각이 현실이 된다는 사실을 깨닫고, 김도사님의 가르침을 통한 의식 확장과 잠재의식의 변화로 내 삶이 하루하루 조금씩 나아지고 있음을 느끼며 살아가고 있다. 하나님께서 내게 무엇을 알려주시려고 교통사고가 계속 일어나는 것일까? 당장이라도 하는 일을 멈추고 젊은이들의 삶을 변화시키는 일에 몰두하라고 내게 알려주시는 것일까? 지금 당장 내가 원하는 것이 무엇인지를 생각해야 한다는 메시지인지도 모른다. 내가 원하는 가슴 뛰는 삶을 살라고 말해주고 싶다!

죽음의 고비를 넘기면서 많은 생각을 하게 되었다. 하나님께서 나에게 허락하신 남은 30년의 귀한 시간 동안, 지나간 시간을 다 지워버리고, 살아온 고정 관념들을 다 날려버리고 새로운 문수빈으로 다시 태어나기로 결심했다. 구세주 김도사님과 유튜브 〈권마담TV〉 권마담 대표님께서는 돈보다도 귀한 것이 시간이라고 우리에게 가르치셨다. 경제적 자유인이 되기 위해 목숨 걸고 1인 창업에 매진하면 시간을 돈으로 살 수 있다. 그래서 내 귀한 시간에 내가 원하는 일을 하면서 자기 계발로 한 단계 업그레이드된 삶을 살기 위해 고군분투할 수 있다.

중국에 사는 동생에게 전화를 걸어 내 상황을 이야기해주었다. 걱정할까 봐 딸에게 말할 수 없는 얘기를 동생에게 의논할 수 있어 좋다. 살아가면서 나의 고민을 의논할 수 있는 상대가 있다는 것이 얼마나 큰 축복인지 모른다. 오늘 나의 잘못으로 두 사람의 몸을 다치고, 차가 파손되어 그분들에게 정신적, 금전적 손실을 안겨주었다. 이 시간을 빌려 그분들에게 사과의 말씀과 감사의 마음을 전한다. 나 역시도 상대방으로 인해 교통사고를 당했을 때 사고 낸 사람을 많이 원망했다. 나 자신이 부끄럽게 느껴졌다. 사고를 일방적으로 당하시고도 배려와 큰 포용력으로 감싸주신 그분들에게 감사의 마음을 전한다.

내가 3번의 교통사고를 겪으면서 하나님께서 나를 하나님의 도구로 쓰시고자 함을 명백히 알게 되었다. 내 이익만을 바라고 살아가는 편협한 삶은 다 버렸다. 이제는 하나님께서 주신 황금골든 티켓인 만큼 값진 인생을 살다가 행복한 천국 지상에서 구세주 김도사님과 권마담 대표님 그리고 〈한책협〉 코치님들과 〈한책협〉 가족들과 〈한책협〉에서 기적을 만들고, 기적을 경험하고, 〈한책협〉 가족들과 삶이 끝날 때까지 함께 살아갈 것이다. 구세주 김도사님께서 책에 이렇게 직접 자필로 적어주셨다.

'문수빈 당신이 바로 기적입니다!' 구세주 김도사님의 친필 사인을 받았을 당시에는 기적을 알지 못했다. 하지만 교통사고를 경험하면서 김도사님께서 적어주신 '당신이 기적입니다'를 이해하게 되었다. 오늘 내가 기적이라는 것을 눈으로 본 하루였다. 구세주 김도사님! 인생을 바꿔주셔서 감사합니다! 인생의 마지막 기회를 허락해주셔서 감사합니다! 저와 딸의 운명을 바꿔주셔서 감사합니다! 2020년 4월 7일 오늘 나는 새롭게 다시 태어났다.

나는 교통사고로 인해 내 목숨값이 얼마인지 생각해보았다. 사람의 목숨이란 하늘이 정하는 것이다. 사람이 사람의 명을 어찌할 수는 없다. 내 생각에는 사람의 목숨은 100조 이상의 가치를 한다고 생각한다. 얼마나 귀한 생명인가? 얼마나 고귀한 삶인가? 그 누구와도 구별되는 우리의 개성 있는 삶! 그 고귀한 한 번뿐인 삶을 잘 가꾸어나가야 한다. 사람은 저마다의 개성으로 하루하루 꿈을 향해 엮어가고 있다. 어제와 오늘의 삶은 다르다. 한 발자국 발전하고 또 한 발자국 내 꿈의 동산으로 만드는 기초를 다지는 것이다. 지금까지의 익숙한 삶에서 벗어나 나다운 나로 탈바꿈하는 과정에 있는 것이다.

2

익숙함에서 벗어나기

> 당신이 체험하는 모든 사건의 목적은 기회를 창조하는 데 있다.
> 기회를 창조하기 위함이지 그 이상도, 그 이하도 아니다.
>
> -《기적수업》구세주 김도사 -

남편과의 교류가 없어서였을까? 그가 나와의 정신적인 교감이 없어서였을까? 그는 나와의 보금자리를 떠나가려 했다. 그의 눈동자는 초점을 잃고 있었다. 침대에 누워 딸에게 피리 부는 법을 가르쳐주고 있었다. 그는 몸은 우리에게 있었지만, 마음은 다른 곳에 있었다. 우연이었을까? 1초만 내가 더 압력밥솥 앞에 있었다면 내 머리는 날아가고 없었을 것이다. 우연이었을까? 한 번도 가지 않은 저수지에 놀러갔다.

잘못 미끄러지면 죽을 수도 있는 물의 깊이였다. 왜 지금 20년이 지난 지금 아찔한 것일까? 남편은 나와의 익숙함에서 벗어나기를 바랐다.

남편을 호프집에서 만나자고 했다. 그는 술을 마시지 않았다. 잘 마시지도 못하는 맥주 500cc를 나 혼자 마시며 몸을 가누지 못했다. 술에 취해 "나쁜 놈아! 니가 무슨 학교 선생이고?"라고 나 혼자 허공에 질러댔다. 그는 아무 대꾸도 하지 않았다. 그리고 나를 부축하고 집으로 돌아왔다. 가끔 그를 미행하기도 했다. 허술한 내가 그의 눈에 띄었을 것이다. 그는 운명적인 사람을 만나 잘 살아가고 있다. 사람의 인연이 다하면 상대방에게 아무 관심이 없어진다. 그리고 상대방 목소리도 듣기가 싫어진다. 마음이 떠나니 모든 것이 다 의미가 없어지는 것이다. 서로의 익숙함에서 벗어나 각자의 삶을 찾아가게 되는 것이다.

나는 남편이 돌아오지 않아 잠이 오지 않을 때는 새벽 4시에 일어나 손빨래를 하며 시간을 죽이기도 했다. 잠이 오지 않아 10곳이 넘는 약국을 돌며 수면제를 조금씩 사 모았다. 수면제를 먹어도 잠은 오지 않고 정신만 더 또렷해졌다. 시계 소리가 너무 선명하게 똑딱거려 잠을 이룰 수가 없었다. 시계에 들어 있는 건전지를 다 꺼내버렸다. 얼굴에는 온통 울긋불긋 반점이 생기기 시작했다. 수면제의 독꽃이 얼굴에 핀 것이다. 이혼 후 6개월 정도 불면증과 가슴을 찌르는 통증으로 몸도 마음도 많이 지쳐갔다. 큰형님이 전화가 왔었다. 그래도 위로를 해주어 고마웠다. 그것이 처음이자 마지막 전화였다. 사람은 참 냉정한 동물이라는 것을 처음으로 알게 되었다.

뭐가 잘못된 것일까? 행복하다고 잘살고 있다고 생각하며 살아왔는데 느닷없이 이별 통보라니 대체 내게 무슨 일이 일어난 걸까? 나는 지푸라기라도 잡는 심정으로 내 마음이 끌리는 대로 대나무가 서 있는 집에 찾아가 현재 상황을 이야기해주었다. 백만 원이 넘는 부적을 써서 침대 밑에 깔았다. 혹시나 그가 돌아오기만을 바리는 마음으로 속으로 부적이 효험을 발휘하기를 바랐다. 하지만 그것은 세월이 흐른 뒤에 약한 자의 마음을 현혹하는 것에 불과하다는 것을 알게 되었다. 마음이 힘들 때 경남은행에 같이 근무했던 여동생 B와 함께 많은 이야기를 하며 바닷가를 거닐었다. 동생으로 인해 마음의 위안을 많이 받았다.

그 뒤 10년 후 동생 B가 결혼을 했다. 결혼식장에 갔다 왔다. 제주도 호텔에 근무하는 사람과 결혼을 해서 지금은 제주도에 살고 있다. 힘든 시간을 함께 해준 B 동생에게 감사의 마음을 전하고 싶다. 아이의 엄마가 되어 있겠지? 동생 집에 가서 하룻밤을 자고 온 적도 있다. 엄마, 아버지께서 따뜻하게 대해주셨다. 은행을 다니면서 B동생과 서울에 한번 놀러 간 적이 있다. 남산타워에도 올라가보고 서울의 야경도 구경했었다. 그래도 B동생과 좋은 시간을 많이 보냈다. 타향에서 마음 착한 동생이 있어 다소나마 딸과 고통에서 조금 벗어나 있었으니 얼마나 고맙고 다행이었는지 20년이 지난 지금 새삼 떠올리게 된다. 인연이 닿으면 B와 꼭 다시 만나 좋은 시간을 가졌으면 한다. B야, 보고 싶다!

결혼 초 나의 일기장을 남편이 본 적이 있다. 20살 때 만난 나의 지나간 사람 K 얘기의 일기장이었다. 편지를 다 태웠기에 남은 것이 없으리라 생각했는데 책 꾸러미 속에 일기장이 있었던 것이다. 그가 한동안 늦게 집에 들어오기도 하고, 작은방에 가서 혼자 자기도 했다. 아침밥을 먹지 않고 출근하고 작은방에는 소주병이 나뒹굴고 있었다. 그의 뒷모습은 냉랭하게 느껴졌다. 싸늘한 그의 뒷모습을 보면서 1주일을 말없이 보낸 적이 있다. 그리고 내가 그 숨 막히는 순간을 견디지 못해 편지를 썼다. 그리고 그 후 그는 아무 말 없이 혼자 삭히며 일상으로 다시 돌아왔다.

나는 꽃꽂이 학원 선생님의 친구의 시동생인 남편을 소개받아 3번 만나고 결혼했다. 23살 때 경남은행에 가장 친한 입행 동기 L이 용하다며 "금방 신이 내린 사람이 있는데 가보라."는 것이다. 그래서 점심시간에 택시를 타고 마산 남성동 파출소 부근 대왕정사에 가보았다. 그때 만난 엄마와 30년째 잘 지내고 있다. 내 결혼식에도 와주었다. 나는 좋은 것이 있으면 혼자 알고 지내는 사람이 못 된다. 그래서 경남은행 15년 다니는 동안 경남은행에 같이 근무한 동생들은 다 대왕정사를 소개해주었다. 컨트리에 12년 다니면서 회사 동생들에게도 소개해주었다. 그래서 엄마는 나보다 부자다. 절이 3채나 된다. 엄마와 나의 인연은 그렇게 시작되었다. 택시를 타고 도착해서 나의 인생을 물어보았다. 첫마디가 "꽃피는 4월에 족두리 쓰고 결혼한다, 4살 차이에 학교 선생이 나타날 거다."라는 말이었다. 이렇게만 내게 얘길 했다. 그리고 은행으로 돌아왔다.

3년이 흘러 그 사람을 만났다. 그때 그 얘기를 기억하고 결혼을 결심한 것은 아니다. 3번 만났지만 결혼해도 될 만큼 우리는 아주 오래전부터 알고 지낸 사이처럼 편안했다. 특히 나는 글씨체가 예쁘고, 손가락이 예쁜 사람을 좋아한다. K 역시 그러했고, 남편도 그러했다. 결혼을 망설이지 않을 만큼 그가 내 마음에 들어왔다. 사람의 인연은 만남의 횟수와 상관이 없다. K는 20살 고등학교 졸업 미팅에서 만나 오래 만나며 서로 사랑했지만 결국 결혼까지는 가지 못했다. 다 내 욕심 때문에 그를 선택하지 않았다. 내가 잘나서 그를 선택하지 않은 것이 아니라 우리의 운명이 스쳐 지나간 것이다. 그때부터 내 운명은 어긋나기 시작했다. K와 살아도 행복했을까? 우리 집 8남매, K집 10남매 가난에서 벗어나 잘 살았을까? 그것은 나도 잘 모르겠다.

3번 만나 결혼을 결정하고, 남편은 먼 길을 마다하지 않고 진해 우리 집까지 바래다주었다. 그는 따뜻한 사람이었다. 엄마는 조금 앞을 보는 사람이라 결혼을 반대했다. 하지만 콩깍지가 씌운 나는 엄마의 말이 귀에 들어오지 않았다. 결혼할 때까지 남편은 마산 작은아주버님 집에서 직장을 다녔다. 둘째 형님이 요리 솜씨가 좋았다. 결혼 생활 8년 동안 많이 챙겨주신 은혜에 감사드린다.

결혼식이 끝나고 3개월 뒤 엄마는 간암 말기라는 선고를 받고, 지금의 내 나이 55세라는 꽃다운 나이에 돌아가셨다. 포항 작은언니 집에 한 달 계셨고, 큰언니 집 한 달, 그리고 올케언니가 엄마를 한 달간 모셨다. 엄마는 몸무게가 갑자기 10kg이 빠지셨다. 처음에는 혈액순환이 안 되는 것 같았다. 병원에 가자마자 마음의 준비를 하라는 의사 선생님의 말을 들었다. 그리고 엄마는 내 신혼집에도 못 와 보시고 돌아가셨다. 엄마가 돌아가시고 한동안 나는 창밖에서 엄마가 나를 부르는 소리가 들리는 것 같아 새벽에 잠을 이룰 수가 없었다. 그럴 때마다 남편은 불평 한마디 없이 밖에 나가봐주었다. 그리고 나를 안심시키고 다시 잠을 청했다. 지금 생각하면 그의 따뜻한 배려에 고마움을 느낀다. 그 뒤 절에 가서 천도제를 지내고 나니 엄마의 환청은 들리지 않았다.

　　사람은 살아 있는 한 계속 생각하는 동물이다. 생각은 어떤 계기나 주변 환경의 변화에 따라서 바뀌게 마련이다. 생각한 것이 변함없이 영원히 지속되지는 않는다. 사람의 감정표현은 솔직하게 하는 것이 맞다고 생각한다. 사람은 감정의 동물이라 가슴이 시키는 대로 살아가게 되어 있다. 사람과 사람을 대할 때에는 진실한 마음이 제일 중요하다. 누구의 잘잘못을 따질 필요는 없다. 그것은 인연의 끈이 끊어지기 전의 일이다. 하지만 인연이 다 했다면 놓아주는 것이 서로 상처가 덜한 법이다. 한 번뿐인 인생, 사랑하지 않으면서 사랑을 과장한 쇼윈도 부부보다는 당당하게 홀로 서는 것이 나의 행복에 대한 예의라고 생각한다. 나의 행복은 남이 책임져주지 않는다. 그리고 나의 행복을 남에게 맡길 이유는 없다. 내가 이 세상의 중심이고, 주인공이고, 기적인 것이다. 내가 내 인생의 주인임을 한시라도 잊어서는 안 된다. 누구에게 잘 보이는 인생을 살 필요는 없다. 내가 할 수 있는 범위 내에서 내 그릇만큼 내 행복만큼 누리며 살아가면 되는 것이다. 누구에게 보여주는 삶, 누구와 비교하는 삶, 이런 것은 54년을 살며 부질없는 감정 낭비였다는 것을 알게 되었다. 이제 모든 허위의식을 버리고 온전히 나로서의 삶을 살아가자! 중심을 가지고 나의 삶에 돈키호테 같은 기상으로 행복의 깃발을 꽂자!

3

노력하면 안 되는 게 없다

성공은 IQ에 달려 있지 않다.
얼마나 자신을 쇄신하고 혁명하느냐에 달렸다.

- 《기적수업》 구세주 김도사 -

　　우리는 더 큰 세상을 바라보고 도전하는 마음을 가져야 한다. 나는 나를 변화시키기를 좋아한다. 나는 메이크업 학원을 3개월 동안 마산 시외버스 터미널 부근까지 은행을 마치고 배우러 다녔다. 비싼 학원비와 재료비를 아까워하지 않았다. 아침에 일어나 남편 출근시키고, 은행으로 출근을 하고, 저녁 9시에는 일본어 학원을 다녔다. 뭔가를 배우고 있지 않으면 마음이 조급하고, 남보다 뒤처진다는 조바심이 났다. 나는 매일 매일을 일상의 익숙함에서 벗어나기를 바라며, 자기 계발을 하지 않으면 불안한 마음이 있어 한국방송통신대학 6년간의 수업에 최선을 다하려고 노력했었다.

경남은행을 다니면서 한국방송통신대학 6년 동안 출석 수업을 다닌다는 것은 심적으로 힘이 들었다. 누가 눈치를 주는 것도 아닌데 나 스스로 눈치가 보였다. 마산 학습관, 진주 학습관, 창원대학교에서 1주일씩 출석 수업을 받았다. 비서실에 근무할 때는 더 마음이 쓰였다. 1주일간의 휴가가 옆의 동료에게 피해를 주기 때문에 더 가시방석이었다. 그래도 마산 여상 야간 졸업이라는 딱지를 떼고 싶었다. 아직도 창원대학교에서의 출석 수업시간은 눈앞에 생생하다. 비가 내리는 창밖을 바라보며 행복한 미소를 지었던 기억이 난다. 알게 모르게 내 삶에 많은 자양분이 되었을 것이라고 생각한다.

정말 세상에는 노력하면 안 되는 것이 없는 것 같다. 경남은행을 입사하고 전체 은행 직원이 치르는 시험에 당당히 1등을 하여 동기들보다 1개월 승진이 빨랐다. 그리고 은행장님으로부터 고객 친절 서비스 최우수 표창장도 받았다. 고객 서비스 향상을 위해 롤 플레이닝을 했던 기억이 난다. 경남은행 15년을 다니면서 첫 발령지인 마산 부림동 지점, 본점 심사부, 비서실, 검사부, 육호광장 지점, 회성동 지점, 중리 지점 등 많은 지점 생활을 했다. 부림동 지점에 근무하면서 나는 마산여상 야간고등학교를 다니면서 피나는 노력으로 경남은행에 입사한 만큼 그 은행에 감사함을 가슴에 새기며 일을 했다. 시장에서 힘들게 일하시며 하루하루 번 돈을 입금을 하러 오실 때에는 나의 엄마, 아버지가 오신다는 생각으로,

마음으로 고객님을 대했다. 항상 나의 얼굴은 미소를 머금고 있었다. 어려운 환경에서 자라 돈의 소중함을 누구보다 잘 알고 있었기에 고객님의 돈을 귀하게 감사하게 생각하며 직장 생활을 했다. 1985년 부림동 지점에 근무했던 L지점장님을 비롯한 모든 직원이 생각나고 보고 싶다. 특히 서울로 시집간 B언니가 많이 생각나고 보고 싶다.

　은행 대리 시험을 준비하기 위해 마음이 많이 바빴다. 대리 시험이 다가오기 2년 전부터 30분인 점심시간을 쪼개 규정집을 들여다보았다. 일요일에는 마산 중리 아파트 밑에 있는 독서실에 가서 공부를 했다. 공부를 하다가 잠시 화장실에 간 사이 고등학생들이 둘러 앉아 망을 보며 내 지갑을 가져간 적이 있다. 돈은 없고 지갑과 주민등록증만 M방송국으로부터 연락이 와서 다시 찾을 수 있었다. 대리 시험을 준비하면서 영어 학원도 다녔다. 항상 부족한 영어라 조금이라도 배워야 한다는 마음이 강했다. 영어 선생님은 같은 아파트에 사는 사람이었다. 선생님 집에 가서 한번 밥을 먹은 적이 있다. 시부모님을 모시고 사는 선생님의 가정이 화목해 보였다.

　은행을 다니면서 꽃꽂이 학원을 3년 다녔다. 그 뒤로도 꽃꽂이 속성반이 열리면 50만 원이라는 강습료를 아까워하지 않고 수업을 받았다. 부케 만드는 법, 꽃바구니 만드는 법을 배웠다. 30년 전에 배운 꽃꽂이지만 마음의 여유가 생기면 유튜브에 꽃꽂이를 올릴 생각이다. 30년 전에 배운 메이크업을 1년 전에 유튜브 〈문수빈TV〉에 올려놓았다. 부족한 영상이지만 200명의 조회자가 있었고, 7명이 좋아요를 눌러주었다. 감사의 말씀을 드린다. 나는 항상 나를 위해 시간과 돈을 투자해 자기 계발을 했다. 꼭 그것을 어디에 쓸 것이라는 생각에서 무엇을 배우는 것은 아니다. 하지만 언젠가는 배워놓은 지식과 기술들을 꺼내 쓰게 되어 있다. 내가 배운 기술들은 누가 가져가는 것도 아니요, 누가 훔쳐갈 수도 없다. 그것은 내 몸 안에 내재되어 있기 때문이다.

나는 상가 분양 영업을 3년간 했다. 3년 동안 상가 분양을 하면서 분양 수수료로 1억 원을 벌었다. 나는 돈을 생계비와 딸 학비로 쓰고, 또 나의 미래를 위해 돈을 투자한다. 부산 동의대 부동산 최고 과정에 등록을 했다. 6개월 동안 단 하루도 결석하지 않았다. 그리고 동의대 부동산 최고 과정을 이수하고, 바로 〈한국경제신문〉에서 주체하는 디벨로퍼 자격증을 취득하기 위해 3개월 동안 시간과 돈을 투자해 토요일과 일요일을 양산에서 부산 가서, 서울까지 KTX를 타고 서울역에서 내려 다시 한국경제 신문사까지 택시를 타고 가서 수업을 받아 자격증을 취득했다.

디벨로퍼 자격증이 당장 나에게 돈으로 환산되어 오거나 돈을 벌어주지는 않았다. 하지만 나는 100세 시대에 살고 있는 만큼 더 큰 세상을 바라보며 큰 꿈을 꾸고, 그 꿈을 이루기 위해 도전하는 삶을 산다. 사람 일은 아무도 모르는 것이다. 쌍용자동차 영업 3년 동안 자동차 5대는 기본으로 출고를 했고, 월 10대도 나 혼자의 힘으로 출고한 이야기도 유튜브 〈문수빈TV〉에 올려놓았다. 그리고 상가 분양 영업 3년 동안 20억을 2번 계약 해보았고, 3년 동안 수수료 1억 원을 벌었던 이야기도 유튜브에 올려놓았다. 정말 죽을힘을 다해 노력한다면 영업은 절대 나를 배신하지 않는다. 피나는 노력은 누가 가져갈 수도 훔쳐갈 수도 없다는 것이 삶의 진리다.

쌍용자동차 영업 3년과 상가 분양 영업 3년으로 나는 어느 정도 영업에 대한 자신감이 충만해 있었다. 특히 10억 재산가 명단을 어느 정도는 확보하고 있어 더 영업에 자신이 있었다. 나는 부자를 만나기 위해 골프를 배워야겠다고 생각했다. 그래서 그다음 날 부산 화명동 실내연습장에 1년 강습료를 지급하고 150만 원 하는 골프클럽을 샀다. 그때 같이 등록한 사람은 10명 정도였다. 같은 메이커의 클럽을 동시에 구입했다. 차후 알아보니 90만 원 정도에서 살 수 있는 가격을 너무 비싸게 구입했었는데 그 프로님은 한 달 뒤 사직서를 내고 다른 곳으로 가셨다는 이야기를 들었다.

나는 1년 동안 비가 와도 단 하루도 빠지지 않고, 356일을 상가 분양 영업이 끝나면 어김없이 연습장에 가서 문 닫을 시간에 마지막으로 나왔다. 하지만 그 1년의 골프 연습 노력이, 내게 5억 원을 벌어줄 것이라고는 아무도 생각하지 못했다. 지금 내가 무언가를 하고 있는데 당장 내게 돈을 벌어주지 않는다고 투덜거리지 마라! 그것이 내게 10년 후, 20년 후, 30년 후, 유튜브로 대박을 칠 수도 있고, 그것이 내 운명을 바꿔줄 귀인을 만나게 해줄 연결고리가 될 수 있다. 사람은 한 사람으로 인해 자신의 운명이 바뀐다. 나는 〈한책협〉, 유튜브 김도사님을 만나 운명을 바뀌었다.

앞에서 이야기 한 것처럼, 골프 연습 1년이라는 이력만 가지고 찾아간 골프장에 나를 컨트리 캐디로 일할 수 있었다. 결국 5억 원을 벌게 기회를 주신 분은 S마스터님이다. 작가로, 1인 창업가로 우뚝 서게 되는 날 꼭 S마스터님을 뵙고 은혜에 보답을 할 것이다. 나는 성공하면 보답할 사람이 많다. 우리 큰언니, 엄마 같은 큰언니에게 은혜를 꼭 갚을 생각이다. 그것은 내가 성공하는 것이 언니에게 보답하는 길이다.

나는 2개월의 캐디 교육을 받고 43세 3월 23일에 컨트리 보조원이 되었다. 나에게 일을 가르쳐준 마스터님과 N동생에게 난과 꽃바구니를 선물했다. 내 진정 어린 마음을 담아 감사의 편지도 드렸다. 나는 8년 동안 1년에 딱 5일 휴가를 냈다. 엄마 제사가 7월 7일이라 그때 엄마 제사 가족 모임에 맞춰 휴가를 냈다. 비가 와도 일을 다시 받아 나가고, 눈이 와서 발목을 덮어도 나는 18홀을 다 돌았다. 볼이 보이지 않을까 봐 고객들에게 색깔 볼을 20개씩 나눠드렸다. 나는 경기과의 눈치를 보며 18홀을 돌았다. 카트가 눈에 미끄러져 지그재그를 그리며 카트 길로 내려갔다. 잘못하면 죽을 수도 있는 상황들이 많이 있었다.

나는 돈을 벌어 딸을 대학 공부를 시켜야 하고, 미국 유학을 보낸 상태라 1,600만 원이 넘는 기숙사비를 감당해야 했다. 허리 디스크로 오른쪽 허벅지 뒤를 송곳으로 내리꽂는 아픔을 참아내며 일을 해야 했고, 서 있을 수도 없는 고통도 이를 악물어가며 견뎌내야만 했다. 하지만 나 외에는 그 누구도 대신 아파줄 수도 없는 일이다. 열손가락 퇴행성관절염 통증을 누구에게 하소연할 수도 없었다. 비가 와서 휴장을 하면 창원 병원에 가서 디스크 뼈 주사를 맞았다. 손가락 통증 치료를 위해 파라핀 치료를 받아야만 했다. 한의원에 가서 목에 부항을 뜨며 1년의 고통을 다 털어내야만 했다.

그렇게 나는 8년이라는 세월 동안 2시간 이상 자본 적이 없다. 그렇게 힘든 시간을 보내며 난 12년 캐디 생활 동안 5억 원이라는 돈을 벌어 딸을 대학 공부를 시키고, 미국 유학을 보낼 수 있었다. 여자는 약하나 엄마는 강하다는 것을 우리 엄마를 통해 배웠다. 우리 엄마는 내가 마산여상 야간고등학교 3년을 다니는 동안 마산에서 막차를 타고 밤 12시에 진해에 도착하는 나를 단 한 번도 배웅 나오시지 않은 적이 없다. 엄마와 나는 고등학교 3년을 같이 다닌 것이나 다름이 없다.

그리고 엄마는 지금 내 나이 55세에 8남매를 낳고, 어느 정도 숨을 돌릴 때쯤 간암 말기 선고를 받고 3개월 뒤에 돌아가셨다. 엄마의 인생만큼 기구한 인생도 없다. 엄마 김수희의 인생을 축복한다.

4

유리창 너머에서 발견한 낯선 얼굴

인생이 척박하고 숱한 시련과 역경들이
있더라도 꿈을 향해 힘차게 나아가야 한다.

− 《기적수업》 구세주 김도사 −

1997년 11월 IMF 외환 위기가 왔다. 경남은행 노조 위원장이 전국지점을 돌며 10년 장기근속자를 대상으로 명예퇴직을 독려하고 있었다. 그만큼 경남은행 상황이 안 좋아진 것이다. 내가 있는 곳까지 왔다. 나는 남편과 의논 한마디 없이, 큰언니와 상의 한마디 없이 퇴직금 1억을 받고 사직서를 제출했다. 사직서를 쓰는 데 1초의 고민도 생각도 없었다. 가정이 있어 남편에게 의논을 해야 하는 것은 맞다. 왜 그랬을까?

지금 20년이 지난 지금 잠시 생각을 해본다. 하지만 20년이 지나도 내 생각은 그때의 결단과 생각이 같다.

나는 마산여상 야간고등학교 3년을 죽을힘을 다해 공부하고 주산 2급, 부기 2급, 타자 2급 자격증을 취득하고 반장으로 열심히 공부해서 경남은행에 들어와 15년을 비서실, 검사부, 심사부를 비롯한 지점 생활을 했다. 고등학교 3년 동안 진해에서 마산까지 왔다 갔다 등하교 두 시간 동안 공부해서 반장으로 졸업을 했다.

진해조선소 급사 생활을 3년 동안 하면서 점심을 먹고 도서관 옆에 있는 성당에 가서 성모 마리아님께 기도를 드렸다. "제발 가난에서 벗어나게 해주세요! 은행원이 되어 가난에서 벗어나게 해주세요!" 내 기도가 하늘에 닿았을까? 아니면 매번 학년이 올라갈 때마다 취업 희망란에 은행원이라고 적어서일까? 나는 경남은행에 당당히 입사를 했다.

연수를 마치고 마산 부림동 지점에 첫 발령을 계기로 심사부, 비서실, 검사부 그리고 많은 지점을 거쳐 15년 장기근속자로 명예퇴직을 신청했다. 나는 남과 조금 다른 환경에서 경남은행을 들어온 사람으로서 경남은행에 더 오래 근무하고 싶은 사람 중 한 사람이다. 하지만 나는 본점 비서실에 3년을 근무한 사람으로서 은행장님 이하 감사님을 비롯한 전무님, 상무님을 보필하는 비서실 직원으로서 경남은행이 어려우면 1초의 망설임 없이 제일 먼저 사직서를 써야 한다는 사고방식을 가진 사람이었다. 15년 동안 경남은행의 녹을 먹은 사람으로서 그것은 당연한 것이었다. 남편이 서운했을 수도 있다. 하지만 나는 남편보다 은행을 더 우선으로 생각했다. 그리고 은행에서 받은 퇴직금 1억과 아파트를 주식에 투자했다. 18,000원 하던 주식은 나락으로 떨어졌다. 퇴직금 1억은 맛있는 밥 한번 사먹지 못하고 그렇게 두 IMF로 공중에서 사라졌다.

나는 주식 투자 실패로 20년을 가난 속에서 허덕이며 살아왔다. 신용불량자로 신용회복 회생신청을 하여 빚을 갚아가야만 했다. 쌀이 없어 딸과 3일 동안 물로 배를 채우기도 했다. 라면 한 봉지로 6개월을 한 끼만 먹고 산적도 많다. 전기와 수도는 예사로 끊기고, 딸은 TV와 장판도 없는 컴컴하고 추운 겨울을 어떻게 버텨냈는지 나는 모른다. 딸의 준비물도 못 사고 머리도 한 번 내 손으로 빗겨주지 못하고 나는 새벽 7시에 회사에 출근을 했다.

지하철비 1,300원이 없어 여동생에게 만 원만 송금해달라고 부탁을 했다. 동생이 내 형편이 어려운 줄 알고 쌀과 장판을 사서 마산에서 양산까지 찾아와주었다. 내가 성공하면 여동생에게 신세진 빚을 갚을 것이다. 7남매가 있었지만 쌀 살 돈이 없다고 구걸하지는 못했다. 결혼반지, 목걸이, 시계는 헐값에 넘어가고, 50만 원 주고 사서 한 번밖에 쓰지 않은 카메라를 단돈 3만 원에 중고에 내다 팔았다. 180만 원을 주고 산 노트북은 비닐도 그대로인 채 23만 원에 중고에 팔았다. 딸을 계속 굶길 수가 없어 3일째 되는 날 용기를 내서 오빠 집 옆 공원에서 2시간 동안 고민을 했다. '뭐라고 말해야 할까?' 나 혼자 계속 중얼거렸다. 저녁 10시가 다가오자 오빠 집으로 들어갔다. "언니야! 김치 좀 줘, 라면 먹을 때 먹게." 나는 쌀 대신 김치만 손에 들고 집으로 투벅투벅 걸으며 꺼억꺼억 소리 내어 울었다. 딸을 얼마나 많이 굶겼는지 모른다. 하지만 딸은 내게 지금껏 하소연을 한 적이 없다. 그냥 속으로 다 삼켜주었다. 딸은 그래서 나보다 더 검소하고, 나보다 더 현명하고, 나보다 더 알뜰하다. 엄마 잘못 만나 불행한 유년기를 보냈다. 그래서 나는 항상 죄인이다. 그래도 밝고, 예쁘고, 착하게 커주어서 너무 감사하다.

그리고 대학교 캠퍼스 커플로 8년째 만나고 있는 남자친구 L이 있어, 딸 인생에 따뜻한 동반자가 있어 마음이 든든하다. 내가 채워주지 못한 인생의 행복을 남자친구가 대신해주니 감사한 마음뿐이다. 8년 동안 딸을 챙겨주신 L부모님과 L에게 감사의 마음을 전한다.

불행은 불행의 동생을 데리고 온다. 경남은행을 명예퇴직하면서 남편과 합의이혼을 하게 되었다. 남편의 말은 "당신이 싫어서가 아니라, 살고 싶은 사람이 생겼으니 이혼을 해달라."라는 것이다. 이게 말인지 도통 알수가 없었다. 하지만 나라는 여자는 운명적인 사람을 만나면 이혼해달라고 요구할지도 모르는 여자다! 내가 그렇게 전남편을 원망하지 않는 이유가 여기에 있다. 이혼한 지 20년이 지났지만 그 사람을 죽도록 미워하거나 한 적은 없다. 단지 비가 오면 음악을 틀어놓고 눈물을 줄줄 흘리기만 할 뿐 별생각은 하지 않았다.

33살에 이혼하고 주식 투자로 실패하여 단돈 만 원이 없이 하루하루를 걱정하며 사는 내가 전남편을 생각할 마음의 여유가 없었다. 오히려 그게 나았는지도 모른다. 돈이 있었다면 더 우울한 생각에 우울증으로 더한 상황을 만나게 되었을 수도 있는데 20년이 지난 지금 주식 투자 실패가 나의 생명을 건졌구나 하는 말도 안 되는 생각을 잠시 해본다.

마산여상 야간고등학교는 오빠의 벽돌 만드는 브로크 사업 실패로 가정 형편이 힘들어져서 가게 되었다. 내 성격이 조금 낙천적인 데가 있는 모양이다. 엄마에게 "왜 야간고등학교를 가야 하느냐?"라고 묻지 않았다. 엄마가 나를 불러 앉혀놓고 "집안 형편이 어려우니 야간고등학교를 가야 될 것 같아."라고 해서 "알았어요!" 그렇게 얘기하고 학교를 가게 되었다. 꽃다운 나이에 고등학교 친구 5명을 만나 서로 경쟁하며 3년을 즐겁게 보냈다. 친구들이 다 마음이 따뜻하고, 3년 동안 단 한 번도 싸운 적이 없다. 그만큼 다들 친구들을 먼저 생각하는 배려심이 깊은 친구들이었다. 조금 마음의 여유가 생기면 친구들을 꼭 찾아 만날 생각이다. 85년도 마산여상 야간 내 친구들아, 보고싶다!

처음 컨트리 보조원으로 일하면서 경남은행 전직 행장님을 비롯한 같이 심사부와 비서실에 근무한 직원들과 라운딩을 많이 나가게 되었다. 처음에는 부끄럽고 땅속이라도 숨어버리고 싶었다. 그날 일을 마치고 집에 돌아오면 부끄러운 마음에 이불속에서 혼자 소리 내어 울기도 했다.

하지만 12년이 지난 지금의 내 생각은 많이 달라져 있다. 내가 가장 힘들고 어려울 때에 입사하여 12년 동안 5억 원이라는 돈을 벌어 딸을 대학 공부를 시키고 미국 유학을 보내준 고마운 직장이다. 그래서 나는 우리 컨트리를 찾아주시는 고객님을 내 엄마, 아버지라고 생각한다. 그래서 맛있는 과일이나 대추즙, 더덕즙, 인삼즙, 포도즙 등을 제철에 사게 되면 차에 꼭 넣어드린다. 나와 딸을 먹여주시고 공부시켜주신 내 인생의 은인이신 까닭이다. 라운딩이 끝나고 돌아가시기 전 차 안에 볼과 티 걸이, 마크를 사서 넣어드린다. 따뜻한 마음을 주신 고객님께 드리는 작은 감사의 표시다.

나는 지금껏 12년 컨트리 캐디 보조원을 하면서 내가 캐디라고 생각한 적은 없다. 나는 이 골프장의 사장님이라는 마인드로 항상 고객님을 정중히 모시려고 애써왔다. 그런 내 마음이 전달이 되었는지 고객님들은 나를 보시면 꼭 악수를 청하거나, 직원들에게 나의 안부를 꼭 물어보신다. 오늘 라운딩이 끝나고 고객님 백을 차에 실으면서 옆 차에 타고 계신 사모님과 사장님을 만났다.

사모님께서 "오랜만이네!" 하시는데 사장님은 "아직도 다니나?" 하고 말씀하셨다. "예. 잘 지내시죠? 코로나 조심하시고, 건강하십시오!"라고 인사를 올렸다. "70살까지 다니고 싶어요!"라는 말은 차마 하지 못했다. 나는 유튜브 김도사님을 만나기 전에는 70살까지 캐디로 남고 싶었다. 대한민국 최장수 캐디로 기록을 세우고 싶었다. 유튜브 〈문수빈TV〉에서도 그렇게 말한 적이 있다.

하지만 난 이제 80세까지 일할 수 있게 되었다. 네이버 카페 '한국캐디양성사관학교'를 1인 창업을 하였다. 10년에 5억 원을 벌고 싶은 10대, 20대, 30대, 40대는 망설임 없이 문을 두드리기 바란다. 자신의 인생의 천직을 알고 싶은 사람, 직장 생활 고충상담, 인생 상담의 장으로 전 국민과 소통하고 있다.

54년을 살았고, 20년을 가난 속에 허덕이며 살아봤고, 2번의 대운도 맞이해봤고, 이제 내 인생 마지막 세 번째 대운인 유튜브 김도사님, 〈한책협〉 김도사님을 만나 인생 제2막을 열어가고 있다. 작가로, 1인 창업가로, 메신저로, 동기부여가로, 라이프 코칭가로 활동하는 네이버 카페 '한국캐디양성사관학교'를 찾아주기 바란다.

010-5019-3548로 자신의 인생을 바꾸고 싶은 사람, 자신의 천직을 알고 싶은 사람은 연락해주기 바랍니다. 나도 유튜브 김도사님을 만나 운명이 바뀌었듯이 나로 인해 단 한 사람의 인생이 송두리째 바뀌 자수성가할 수 있다면 문수빈 메신저의 사명을 다한 것이라 생각한다.

5

내가 원하는 것을 나도 모를 때

송충이가 번데기가 되고 나비로 거듭난다면 꽃의 꿀과 영롱한 이슬을
먹으며 살 수 있다. 그렇듯이 우리의 운명은 정해져 있지 않다.

－《기적수업》 구세주 김도사 －

요즘 나의 상황은 어렵다 못해 비참하기까지 하다. 하루하루가 살얼음
판이다. 매월 지불해야 하는 카드값, 아파트 임대료, 관리비, 보험료들까
지…. 평범한 일상일 때는 별 무리가 없었다. 하지만 2019년 9월 21일 오
후 11시에 일어났던 교통사고로 인해 나의 생활은 궁핍해져갔다. 근 6개
월을 돈을 벌지 못해 한 달 300만 원 벌면 1,800만 원이 공중에 사라져
버렸고, 코란도를 폐차하고 다시 중고로 매입한 금액 500만 원, 차 수리
비 100만 원, 2,400만 원이 빚으로 안겨졌다. 그리고 돈도 없으면서 분당
〈한책협〉 책 쓰기 6주 과정을 신청했다. 그리고 교육을 위해 비행기를 끊
어 분당 〈한책협〉에 3번 다녀왔다.

2019년 9월 21일 교통사고로 내 차 코란도를 폐차하고, 유튜브 김도사님을 만나 내 운명을 작가로, 1인 창업가로 운명을 바꾸었다. 사고를 낸 60대 중년 남자분에게 감사인사를 큰절로 올려야 할 심정이다. 내 운명을 바꿔주었기 때문이다. 나는 1인 창업가로 우뚝 서게 되었다.

돈이 없어 신용카드로 책 쓰기 수업에 필요한 책을 구입했다. 그리고 1인 창업 과정 수업도 들었다. 2020년 4월 19~20일엔 책 출판 홍보와 카페 활용법을 배우기 위해 비행기 표를 끊어 분당 〈한책협〉에 갈 일정이 잡혀 있다.

내 가슴은 막막하기만 하다. 지난달부터 갑자기 신용카드 한도가 완전히 다 없어져버렸다. 코로나로 사람들이 신용카드 대금을 내지 못하니 전체적으로 한도를 줄인 모양이다. 6개월 동안 병원 치료로 돈도 벌지 못하고 있는데, 신용카드까지 한도가 막히니 갑자기 막막하기만 한데 엎친 데 덮친 격으로 양산에서 출근하는 길에 회사와 중간 지점인 밀양에서 고속도로에서 110Km로 속력을 내다가 속력을 줄이지 못해 앞에 정지하고 있던 차 2대를 그대로 받아 내 앞 차는 수리비가 1,500만 원이 나오고, 그 앞의 차는 150만 원이 나왔다. 다행히 운전자 두 분 중 한 분은 목을 좀 다쳐 병원에 3일 정도 치료하시고, 한 분은 다행히 다치지 않았다. 나는 에어백이 터지지 않아 운전석 핸들에 그대로 가슴을 부딪쳐 통증이 심해 밀양 Y병원에 가서 엑스레이를 찍었다. 다행히 갈비뼈에 금은 가지 않았다고 했다. 다행이었다. 곧장 택시를 부산 J정형외과에 입원하기 위해 병원으로 갔다. 하지만 부득이하게 입원하지 못했다. 사고 난 날부터 목과 가슴에는 온통 파스로 도배를 했다. 오래 붙이고 있어서인지 살갗이 엄청 따가웠다. 제대로 목이 오른쪽, 왼쪽으로 돌아가지 않는다. 적어도 2주는 입원해야 하는 몸이지만, 내 코란도 차 수리비가 250만 원이 넘게 나왔다. 폐차를 하라고 했다. 폐차하면 또 500만 원 주고 중고차를 사야 하고 또 수리비가 100만 원이 들게 뻔하다. 그러니 250만 원 주고 고치는 것이 낫다. 엔진도 다치고 앞 범퍼가 다 망가졌다. 사람이 안 다친 게 천만다행이다. 왜 내게 3번의 교통사고가 겹쳐 몸도 다 망가지고, 돈도 다 날아가버리는 것일까? 한 가지 불행은 7가지 행운과 함께 온다고 〈한책협〉 김도사님께서 말씀해주셨다. 정말 7가지의 행운과 함께 내게 불행이 왔을까?

돌아오는 25일 신용카드 결제는 어떻게 할 것이며, 또 내야 하는 임대료, 보험료는 어떻게 감당하라는 말인가? 코란도 밴 차가 10년이 넘어 차 수리 보상비가 110만 원이 나오고, 차수리비를 감당하지 못해 가격을 낮추기 위해 중고 부품으로 수리를 하기로 했다. H보험사에서 110만 원과 내가 140만 원을 부담해 250만 원으로 차를 수리하고 있다. 내가 100만 원 정도 되는 차 보험을 넣지 않았다면 내가 사고 낸 차 수리비 2,000

만 원을 어떻게 감당할 수 있었겠는가? 감당할 수도 없는, 내 사정으로 어떻게 됐을지 생각만 해도 끔찍하다.

부탁해도 돈을 빌려줄 친구는 없다. 부탁해도 도와줄 7남매 가족 중 손을 내밀어줄 가족도 없다. 다 아이들 키우기 바쁘고, 가족 외에 누구를 돌봐줄 마음의 여력이 있는 사람이 누가 있을까? 그래서 나는 돈이 없어도 보험은 꼭 넣는 편이다. 주식 투자로 실패하여 어렵게 살 때에도 나는 AIG 종신보험을 넣었다. 내가 혹시 죽게 되면 딸에게 보험이라도 남겨주고 싶다는 생각에 악착같이 보험을 넣었다. 보험료를 500만 원쯤 넣었을 때 도저히 입금할 여력이 없어 포기했다. 주식 투자 실패 후 삼성생명 보험 설계사 6개월, AIG 보험 6개월 영업을 아침 8시부터 밤 11시 반까지 해보았다. 1년 동안 보험 영업을 하면서 보험회사를 10년씩, 20년씩 다니신 분들을 존경하게 되었다. 나는 보험회사 영업 1년을 해보았지만 가족 외에는 보험을 가입시키지 못했다. 가까운 지인들이 보험 영업사원이 많아 가입시키기가 만만치 않았다. 내가 이 세상에서 가장 존경하는 사람은 요리 잘하는 사람, 영어 잘하는 사람, 보험 영업 잘하는 사람이다. 내가 넘어보지 못한 산이기 때문이다. 그래서 나는 딸에게 항상 이런 말을 했다. "영어 하나만 잘해줘!" 난 공부를 잘해달라고 딸에게 말한 적이 없다. 단지 영어 하나만 잘해도 먹고살 수 있다고 생각해 영어 하나만 잘해달라고 말했다. 다행히 우리 딸은 미국 유학을 다녀왔고, 영어 토익

960점과 AL 수준의 영어 실력을 갖추었다.

나에게 영업의 스킬을 가르쳐준 사람은 삼성생명 동래지점 교육 담당자였다. 매사가 적극적이고, 거침이 없고, 열정적이셨다. 그분과 1개월의 교육을 통해 나는 알게 모르게 강인한 영업 스킬을 익혔는지도 모른다. 그러나 1년간의 보험 영업은 아무런 성과를 내지 못했다.

지인이 보험 실적으로 월 천만 원을 번다고 하면서 내게 통장을 보여주었다. 정말 천만 원이 찍혀 있었다. 나는 그길로 AIG보험 설계사가 되었다. 영업하는 사람은 남에게 보이는 차가 좋아야 한다는 소리를 듣고 쌍용자동차 코란도 밴 2,400만 원을 할부로 샀다. 그 뒤 6개월 뒤 비닐도 뜯지 않은 밴을 1,600만 원에 중고시장에 차를 팔았다. 기억에 남는 것은 12월 31일 연말에 한 직원 회식이다. 그때 상품권으로 세척기가 당첨이 되었다. 나는 나도 월 천만 원을 벌수 있다는 자신감에 감사의 인사로 천만 원 통장을 보여준 지인에게 그 상품권을 넘겨주어버렸다. 내게 월 천만 원은 들어오지 않았다. 피나는 노력도 하지 않고 돈만 들어오기를 바라는 어리석은 시간들이었다. 하지만 헛된 노력이라는 것은 없다. 비록 1년 동안 보험 영업을 하면서 결과는 나오지 않았지만 그것이 쌍용자동차 영업 3년, 상가 분양 영업 3년을 하는 동안 밑거름이 되었다. 알게 모르게 내가 1년 전에 뿌려놓았던 그 노력의 씨앗들이 자라 한 달에 쌍용자동차 5대는 기본으로 계약을 하고, 월 10대를 혼자의 힘으로 계약하고 출고를 했다. 상가 분양 영업 역시 3년 동안 20억을 2번 계약시킬 수 있는 저력을 가지게 되었고, 3년 동안 수수료로 1억 원을 벌 수 있었다. 비록 보험 영업의 결과는 나오지 않았지만 보험 영업의 내 노력의 씨앗들이 자라 자동차 영업과 상가 분양 영업에 꽃을 피웠다고 말할 수 있을 것 같다. 결코 헛된 노력이란 없다. 1년 전에 던져놓았던 내 노력들, 3년 전에 던져놓았던 노력들, 5년 전, 10년 전 던져놨던 노력들이 때가 되어 무르익어 결과로 나타나는 것이다.

컨트리 12년을 다니면서 이상한 일이 있었다. 차가 없어 자전거로 출퇴근을 할 때였다. 회사 직원 주차장 쪽으로 새벽 4시에 할아버지 한 분이 자전거를 끌고 내 앞을 가고 계셨다. 나 역시도 오르막길이라 자전거를 끌고 출근하고 있었다. 그때는 매일매일 2번 일하는 때라 새벽 3시, 새벽 4시 출근은 예사였다. 할아버지 얼굴도 보았다. 사람 얼굴이었다. 새벽 4시였지만 가로등이 있어 어둡지도 않고, 무섭다는 생각도 들지 않았다. 그때 나는 딸을 대학 공부시켜야 하는 사명을 가지고 있었기에 무서움, 두려움을 따질 마음의 여유가 없었다. 무조건 돈을 벌어야 하는 처지였다. 할아버지에게 내가 물었다. "할아버지! 이 새벽에 어디 가세요?" 할아버지께서 대답하셨다. "산소에 가." 그러고는 내 앞에서 홀연히 사라지셨다. 내가 헛것을 보았다고 생각하지 않는다. 어쩌면 시댁이 가까운 곳에 있어 그런지 내 조상님이 나를 위험에서 지키기 위해 동행하신 것 같다. 8년 동안 매일 새벽 3시, 4시에 출근했다. 잠이 들면 못 일어날까 봐 회사 앞 가로등 밑 차 안에 앉아 있다가 출근을 하기도 했다. 8년 동안 2시간 이상 발을 뻗고 자본 기억이 없다. 퇴근해서 화장을 지우고 다시 화장을 하고 앉아 있다가 눈을 잠시 감았다가 출근을 했다. 서울에 가면 딸은 내게 항상 이런 이야기를 한다. "엄마, 직장 생활 30년 어떻게 했어?" 대학 졸업하고 호텔리어로 2년 일하고 있는 딸이 돈을 번다는 것이 만만치 않다는 것을 알게 되었다. 세상에 돈 벌기란 쉽지 않다. 돈은 쓰기는 쉽지만 돈을 벌기란 여간 어렵지 않다.

컨트리로 출근하면서 새벽 4시에 꼭 남자 두 사람이 출근을 한다. 하지만 항상 부딪히는 그 두 사람이 두려웠다. 남자란 어떻게 돌변할지 모른다. 그래서 나는 무서운 생각이 들면 112에 전화를 걸었다. 출근하는데 남자 두 사람이 지나가서 무서워서 전화했다고 솔직히 이야기를 했다. 내 안전이 더 중요했기에 미안함은 잠시 접어두었다. 112 직원의 도움으로 12년을 안전하게 근무할 수 있었다.

6

내 인생에서 가장 소중한 것들

"운명은 정해져 있다."라고 말하는 사람들의 공통점은 패배주의에 빠진
사람들이라는 것이다. 절대 그렇지 않다. 사람은 자신의 믿음대로 살아가게 된다.

― 《기적수업》 구세주 김도사 ―

2020년 4월 7일 교통사고로 목과 가슴을 다쳐 통증이 심하다. 병원
에 적어도 2주는 입원해야 하는 몸인데도 차 수리비 140만 원을 감당해
야 하고, 책 쓰기 6주 과정 수업료와 네이버 카페 만들기 수업료, 1인 창
업 과정 수업료를 감당해야 하므로 쉴 수 없는 몸이 되었다. 시간이 지날
수록 목이 좌우로 잘 움직이지 않는다. 교통사고는 뒤에 나타나는 후유
증 있어 조금 두렵기도 하다. 적어도 3개월은 지나야 가슴 통증이 사라질
것이라고 한다. 컨트리 캐디 일을 하면서 동코스 9번 내리막에서 운동화
가 미끄러워 클럽을 4개를 가슴에 안고 그대로 슬라이딩하듯이 미끄러
져 5년 전 쯤 가슴에 금이 약간 간 적이 있었다. 그래서 한 달 정도 쉬었

던 적이 있다. 병원에 가서 주사도 맞고, 파스도 붙이고 약도 먹고 하지만 110km을 달리던 차가 워낙 심하게 핸들에 가슴을 부딪쳐 통증이 심하다. 내가 차를 받아 사고 낸 앞 차 수리비는 1,500만 원이 나왔고, 그 앞차 싼타페는 150만 원의 수리비가 나왔다. 12만 원으로 하루를 넘길 수 있는 것을, 내 차 수리비 250만 원까지 하여 근 2,000만 원이 넘는 차 수리비와 운전자 두 분에게 정신적, 금전적, 시간적 피해를 드렸다. 사죄의 말씀을 드리고 싶다. 그분들이 무슨 죄인가?

살아 있음에 감사하자! 두 분이 크게 다치지 않음에 감사하자! 다행히 보험이 2억까지 들어 있어 얼마나 다행인지 모른다. 나는 항상 돈이 없으면 보험은 꼭 들어야 한다는 생각을 가지고 있는 사람이다. 코란도 차는 비록 500만 원을 주고 샀지만, 차 보험료는 1년에 백만 원씩 H보험사에 가입을 했다. 사람이 다치지 않아 얼마나 다행인지 모른다.

내게 엄청난 일들이 많이 일어난다. 아침에 눈뜨자마자 유튜브로 구세주 김도사님의 동영상을 보면서 하루를 시작한다. '지금 당장 시작하라!' 라는 동영상을 하루 종일 돌려보았다. '내 삶이, 현재 고통이 심하다면 이제 행복할 순간이 다가와 있다'고 생각하라고 김도사님께서 말씀해주셨다. 내게 인생의 무게는 그만큼을 감당할 능력이 있기에 안겨주시는 거라고 하셨다. 그 고통은 하나님께서 우리가 감당할 수 있다고 생각하시는 만큼 주신다고 하셨다. 그리고 내가 소망하고, 꿈꾸고, 생각하고 상상하는 것은 내가 그것을 받을 만한 가치가 있는 사람, 그릇이 되는 사람이기에 그것을 생각하고 그것을 꿈꾸는 거라고 하셨다. 나는 〈한책협〉 김도사님을 만나 네이버 카페 〈한책협〉에 나의 성공 확언을 "황금골든 티켓 은행 은행장 문수빈이 되었습니다! 황금골든 티켓 골프장 사장 문수빈이 되었습니다! 황금골든 티켓 백화점 사장 문수빈이 되었습니다! 황금골든 티켓 캐디 양성 사관학교 총장 문수빈이 되었습니다!"라고 매일매일 쓰고 있고, 시간이 있을 때마다 입으로 소리 내어 말을 한다. 나는 마산여상 야간고등학교 3년 열심히 공부하여 경남은행에 입사하여 비서실, 검사부, 심사부와 여러 지점에 15년간 근무하였고, 컨트리 캐디로 12년간 근무하였다. 나는 은행의 은행장이 되기 위해 15년을 근무하였다고 생각하고, 컨트리 사장이 되기 위하여 12년을 근무하였다고 생각한다. 그리고 쌍용자동차 3년 영업 사원으로 근무하고 3번의 교통사고로 내 목숨을 건져준 쌍용차의 주식을 매입하여 주주가 될 것이며, 상가 분양 3년 영업을 해보았으므로 상가를 10개를 보유할 것을 선포하였다. 나는 그럴 자격과 그것을 갖기 위해 32년의 세월을 묵묵히 살아왔다. 이제 때가 되었으니 네이버 카페 '한국캐디양성사관학교'를 오픈하였고 세상의 소금과 빛이 되었다. 자신의 천직을 알고 싶다면 010-5019-3548로 전화하기 바란다. 자신의 인생을 바꾸고 싶다면 전화하기 바란다. 54년을 살아낸 사람으로서, 36년의 직장 생활을 해온 사람으로서 3번의 죽음을 넘기면서 나는 천직을 깨닫게 되었다. 이제 메신저로, 동기부여가로, 라이프 코칭가로 내 인생의 2막을 열 것이다. 유튜브 구세주 김도사님을 만나 책 쓰기 1일 특강과 책 쓰기 6주 과정을 무사히 마치고, 1인 창업 수업 과정을 배우고, 현재 네이버 카페 1인 창업 '한국캐디양성사관학교'를 오픈하여 운영 중이다.

자신의 천직을 알고 싶다면, 자신의 인생을 확 바꾸고 싶다면 전화하기 바란다. 유튜브 구세주 김도사님으로 인해 나는 80세까지 1인 창업가로, 메신저로, 동기부여가로 살게 되었다.

내 인생에서 가장 소중한 것들을 생각해볼 때 가장 먼저 떠오르는 것은 내 딸이다. 마산 성모 병원에서 제왕절개로 딸을 낳았다. 수술하기 1주일 전에 경남은행에 2개월 산휴 휴가를 냈다. 배 속에서 얼마나 힘들었을까? 딸은 내 안에서 거꾸로 있어 제왕절개를 해야만 했다. 태어났을 때 누워 있는 20명의 아이들 중에 제일 예뻤다. 아무 탈 없이 28년을 살아준 내 딸에게 고맙다. 엄마 잘못 만나 가난한 인생을 살다가 이제 대학도 졸업하고, 미국 유학도 갔다 와서 무너졌던 자존감을 회복하기를 마음속으로 빌고 있다. 마음 착한 남자친구 L이 있어 마음이 든든하다. 항상 딸의 위로가 되어주고, 투정을 다 받아주는 L이 고맙고 고맙다. L의 부모님도 나보다 밥을 더 많이 먹여주고 미국 유학 갈 때 미국 가면 한국

음식이 그립다며 한상 차려주신 은혜에, 뒤에 꼭 보답 해드리고 싶다. 2년 후 딸이 결혼하게 되면 그동안 베풀어주신 은혜에 보답할 날이 있을 것이라고 마음속으로 염원하고 있다.

4년 전 영화배우 K 씨의 죽음으로 나는 여행을 결심했다. 딸과 평생 처음으로 제주도와 베트남과 태국을 여행하고 왔다. 고등학교 국어 선생인 남편과 이혼하고, 주식 투자 실패로 신용 불량자가 되어 오랜 세월 신용 회생을 위해 많은 빚을 갚아야만 했다. 20년 동안 가난이라는 굴레 속에 허덕이며 살아왔다. 딸이 대학을 졸업하고, 조금 마음의 여유가 생겨 딸에게 여행을 떠나자고 제안했다. 딸은 26살 때 신혼여행인 제주도 여행을 끝으로 25년 동안 여행 한 번 하지 못한 엄마가 불쌍했는지 흔쾌히 동행해주었다.

회사에 한 달을 휴가 냈다. 제주도 여행의 달콤함은 잊을 수가 없다. 나의 가슴 벅참을 제주도의 하늘도 아는지 폭설이 내렸다. 체인을 감고 운전을 해야 할 만큼 눈이 많이 내렸다. 잘 닦아진 도로, 이제는 관광도시 화려한 제주도로 변신해 있었다. 맛있는 해물도 먹고, 아름다운 제주 바다에서 사진도 많이 찍고 왔다. 베트남 여행에서도 맛있는 음식과 손으로 만든 수제품들을 많이 구경하고 왔다. 백화점에 가서 딸과 내 핸드백을 기념으로 사가지고 왔다. 그리고 딸 남자친구의 운동복도 하나 샀다. 태국 여행은 사원이 아름다웠다. 사원을 가기 위해 배를 타고 가야만 했다. 한국 사람들이 많이 와 있었다. 베트남과 태국은 고향에 온 것처럼 마음이 푸근했다. 몇 년 뒤 마음의 여유가 생기면 딸과 함께 다시 가볼 생각이다. 여행은 내 인생에 이제 빼놓을 수 없는 버킷리스트가 되었다. 나는 80세까지 힘이 닿는 한 딸과 함께 세계 일주를 할 생각이다. 무엇보다 나는 여행이 참 좋다. 삶의 활력도 되고, 전 세계를 돌며 산과 바다, 그리고 사람들을 많이 만나고 싶다. 단 한 번뿐인 인생 세계 일주하면서 인생을 마감하는 것이 나의 가장 큰 소망이자 꿈이다.

10일 동안 캐나다 여행을 혼자 다녀왔다. 딸이 공항에서 해야 할 일, 그리고 캐나다 여기 저기 구경할 명소들을 20곳 정도 A4용지로 자세히 뽑아주었다. 대학교, 시청, 박물관, 미술관, 나이아가라 폭포까지 인쇄해 주었다. 나이아가라 폭포는 예약을 해주었다. 영어를 할 줄 몰라 힘들었지만 한국인 남자분이 있어 폭포도 구경하고, 다시 호텔로 잘 찾아올 수 있었다. 토론토 시내로 오자마자 줄행랑을 치며 도망치다시피 가버렸다. 도움을 주어 저녁밥이라도 사주고 싶었지만 '영어도 할 줄 모르면서 캐나다 여행은 왜 왔냐?'라고 생각하는 것 같았다. 덕분에 나이아가라 폭포를 구경할 수 있어서 다행이었다. 캐나다의 1월은 추웠다. 폭설이 와서 더 추위가 심했다. 핸드폰 충전이 거의 떨어져서 화면에 '!'가 계속 표시되고 있었다. 핸드폰이 영하 1도를 견디지 못했다. 수건으로 핸드폰을 둘둘 말아 다녀도 껑껑 얼어붙은 핸드폰 충전이 금방 닳았다. 현금 백만 원을 가지고 있으니 가방을 가슴에 안고 다녔다. 소매치기라도 당할까 봐 백화점 벤치에 앉아 사람들을 구경하기만 하고 물건은 사지 않았다.

누가 봐도 여행 초행길이라는 티가 났다. 혼자 하는 여행이라 더 두려웠다. 호텔과 가까운 곳에 횟집이 있어 좋았다. 캐나다는 골목이 많아 왔다 갔다 몇 번 하다 보면 구글 지도를 봐도 계속 그 자리에서 돌고 있다. 결국 횟집을 찾지 못해 피자 몇 조각 사가지고 호텔로 돌아왔다. 딸과의 여행을 마치고 다음 해는 강사 자격증을 취득하기 위해 회사에 한 달을 휴가를 냈다. 한 달 동안 매주 월요일부터 금요일까지 단 하루도 결석하지 않았다. 내 특기는 결석하지 않는 것도 있다. 초, 중, 고 12년 동안 8남매는 개근상을 받았다. 우리 8남매는 열심히 공부한 것에 중점을 두는 것이 아니라 결석하지 않는 것에 의미를 더 두는 가족이다. 성실성 하나는 둘째 가라고 하면 서러운 사람들이다. 오빠는 대기업 S업체를 다녔다. 라인을 하나 받아 사장님으로 지금의 상가를 지어 올케언니와 아구찜 집을 크게 하신다. 우리 8남매가 잘사는 이유는 우리 올케언니 때문이라고 해도 과언이 아니다. 아무것도 없는 집에 시집와 7남매를 시집, 장가 보내신 큰손 우리 S올케언니 그동안 고생 많이 하셨어요! 올케언니 덕분에 우리 8남매가 자수성가할 수 있었어요! 감사합니다! 뒤에 꼭 은혜를 갚을 게요! 사랑합니다!

큰언니는 마트에 김치를 파는 힘든 일을 하며, 형부의 도움 없이 학교 선생님과 은행원으로 두 딸을 대학 공부시키고 지금 그 딸들은 결혼도 하고, 아파트도 사고, 손자 손녀도 낳아 큰언니가 직접 손자 손녀를 키우고 있다. 1년에 한두 번 세계여행도 한다. 최고의 인생 승리자는 우리 큰언니다. 작은언니는 대기업 연수원에 근무를 했다. 그곳에서 운명적으로 형부를 만나 결혼했다. 지금도 친구처럼 살고 있다. 형부는 대기업 상무님이다. 작은언니는 사모님이다. 조카는 서울대 박사 과정 중 제약회사에 취업했다. 그리고 나는 작가, 강연가, 1인 창업가, 메신저, 동기부여가, 라이프 코칭가로 80세까지 은퇴 없는 삶을 살아가고 있다. S여동생은 12년째 중국에 살고 있다. 내년에 아들이 대학생이 되어 한국에 들어올 예정이다. 남편은 베트남에 발령이 나 떨어져 지내고 있다. H남동생은 고려대를 나와 제철회사 연구팀 팀장이다. 아들딸을 잘 키우고 있다. 그 밑에 남동생은 10억 상가 주인이다. 회사를 잘 다니고 있고, 두 아들을 동서가 잘 키우고 있다. 막내 J는 대기업 지점장 부인이다. 이번에 6억짜리 아파트로 이사를 했다. 아들과 딸을 잘 키우고 있다. 이처럼 우리 8남매는 올케언니의 보살핌으로 자수성가하여 잘 살아가고 있다. 이 모든 것이 우리 엄마, 아버지의 성실함과 정직함을 고스란히 물려받은 덕분이다. 모두 알뜰하고 성실하게 내일을 준비하며 잘살아가고 있다.

7

불필요한 것은 과감히 걷어내라

'오르지 못할 나무는 쳐다보지 말라'는 말이 있다. 이는 틀린 말이다.
그 나무에 오를 수 있는 사다리를 만들면 된다.

─ 《기적수업》 구세주 김도사 ─

33살에 남편과 이혼을 하고, 마산 중리 현대 아파트 우리 집으로 이사를 했다. 직장도 경남은행 중리 지점으로 발령을 받았다. 중리 지점에 근무하면서 나 스스로 주눅이 들었다. 남들은 아무 관심도 없는데 나 혼자서 불쌍해 보이는 느낌이 들었다. 연말 회식 사진을 보면 비쩍 말라 있다.

컨트리 캐디로 입사한 지 얼마 되지 않아 경남은행 전 행장님과 비서실에 같이 근무한 직원, 지인들을 많이 볼 수 있었다. 경남은행을 퇴사하고 10년이 지난 뒤 43세라는 나이에 컨트리 캐디로 입사를 했다. 처음에는 전행장님을 보면 숨어버리고, 조장에게 부탁하여 마주치지 않게 반대편 코스로 배치를 부탁했다. 심사부에 같이 근무했던 H부장님이 형편이 어려우면 500만 원은 줄 수 있으니 언제든지 얘기하라는 말을 듣고 집에 돌아와 많이 울었다. 나 자신이 너무 초라해 보였기 때문이다. 하지만 12년이 지난 지금의 내 모습은 어떠한가? 전 행장님이 보이면 감즙을 사서 드리는 내가 되었다. 은행 직원들과 마주쳐도 별 우울한 감정은 들지 않는다. 이곳에 와서 12년 동안 일을 해서 5억이라는 돈을 벌었고, 딸을 대학공부를 다 마쳤고, 미국 유학도 보냈다. 8남매 중 가장 가진 게 없는 내가 컨트리 캐디 생활 8년 동안 2시간 이상 자지 않고 일해 12년차에 5억을 벌어 미국 유학을 보내고 대학을 졸업시키고, 그 딸이 지금은 서울에 있는 호텔에 2년째 근무하고 있다. 결혼할 남자친구도 있고, 둘만 결혼해서 알콩달콩 잘 살면 된다. 나는 나 하나만 걱정하면 된다. 8남매 가족들은 각자 살아가기 바쁘고, 아이 키우기 바쁘기 때문에 명절에 2번 얼굴 보는 것이 고작이다.

코로나로 전 세계 경제가 마비되고, 가정마다 실직자가 늘어나고, 아르바이트도 고객이 없어 직원을 모집하는 곳이 없다. 가정 형편이 많이 어려워지자 신용카드 회사에서는 카드 한도를 확 줄였다. 그래서 신용카드 할부 한도도 거의 없어져 생활하기가 어려워졌다. 동생에게 가족회비 통장에 있는 100만 원을 빌렸다. 지난 2019년 9월 21일 교통사고로 코란도를 폐차하고, 차 값 250만 원과 한 달 캐디 수입비 300만 원을 합의금으로 받았다. 코란도 밴 중고 구입 가격은 500만 원이 들었다. 차를 쌍용차 A/S 센터에 맡기니 수리비가 100만 원이 나왔다. 그 뒤 나는 비틀어진 목과 만신창이가 된 몸을 치료하기 위해 한 달 병원에 입원했다. 한의원을 다니느라 6개월 동안 돈을 벌지 못했다. 이제 몸이 조금 회복이 되어 출근하는 길에 110km로 고속도로를 달리고 있었다. 멈춰서 있는 앞의 차들을 나는 뒤늦게 발견하고 브레이크를 밟았지만 역부족이었다. 내앞 차와 내 앞의 앞 차까지 박아 두 사람은 다행히 목이 약간 꺾였을 뿐 큰 부상은 없었다. 내 차는 엔진룸에서 연기가 올라왔다. 앞 범퍼도 다내려앉았다. 카드 값도 못내 쩔쩔매는 내게 또 교통사고가 났다. 1년에 100만 원 하는 보험료를 내지 않았다면 앞 차 1,500만 원 수리비와 그 앞차 싼타페 수리비 150만 원은 어떻게 감당했겠는가? 생각만 해도 끔찍하다. 다행히 보험 처리가 되어 수리를 해드릴 수 있어 감사할 따름이다. 피해자 분들에게 피해를 드려 죄송하다고 사죄를 드렸다. 좋으신 분들을 만나 "괜찮다. 그럴 수도 있다." 하시며 오히려 따뜻하게 위로해주셨다. 그래도 세상은 아직 살 만하다. 1인 창업으로 자리가 잡히면 그분들께 꼭 은혜를 갚고 싶다. 맛있는 밥이라도 꼭 대접하고 싶다. 세상에는 천사가 많다.

내 차 수리비는 250만 원 정도 나와 중고 엔진을 넣고, 중고 앞범퍼 부품으로 수리를 하기로 했다. 보험사에서 자차액으로 110만 원이 나왔고 내가 140만 원을 부담해 수리하기로 했다. 지금 수리하고 있는 중이다. 어려우면 사람은 더 궁지에 몰린다. 다달이 내야 하는 신용카드 대금, 보험료, 임대료, 핸드폰비를 감당하기에도 벅찬데 〈한책협〉 수업료도 내야 한다. 〈한책협〉에 있는 수업 과정은 올해 안에 모두 이수할 생각이다. 올해 다 배우고 80세까지 1인 창업가로 열심히 살아가면 된다. 하나님은 어려운 나의 현실을 알고, 이렇게 나를 테스트하신다. 한 가지 불행은 7가지의 행운과 함께 온다는 것을 믿는다. 나는 유튜브 구세주 김도사님이 말씀하신 상상의 힘으로 내 생각이 현실이 됨을 믿고 살아가고 있다. 어제 92기 동기생 주연아 작가가 출판사와 계약을 했다. 나와 같이 책 쓰기 6주 과정을 배운 작가이다. 동기생 중 두 번째 작가가 탄생되었다. 나도 2020년 5월 10일에 초고가 완성이 된다. 완성이 되어 구세주 김도사님의 출판사 원고 투고 명령이 떨어지면 200곳의 출판사에 내 원고를 투고할 예정이다. 분당 〈한책협〉 김도사님을 만나면 누구나 한 달 아니면 한 달이 조금 넘어 원고를 다 완성해서 출판사에 투고를 하고 출판사와 계약을 한다. 구세주 김도사님은 24년 동안 240권의 책을 출판하셨고, 1,000명의 작가를 배출하셨다. 우리는 〈한책협〉 김도사님의 제자로서 한 달 안에 초고 원고를 완성하여 출판사에 원고를 투고할 예정이다. 그리고 3개월 이내에 책이 출판될 것이다. 92기 동기생 모두 출판 계약하길 마음으로 염원하고 있다. 나도 〈한책협〉 김도사님으로 인해 작가로 1인 창업가로, 강연가로, 메신저로, 동기부여가로, 라이프 코칭가로 우뚝 서서 〈아침마당〉에도 출현하고, 〈세바시〉, 〈행복플러스〉에도 출현하고 싶다. 54년을 살아냈고, 36년간의 직장 생활의 원리와 비법을 젊은이들에게 알려주고 싶다. 그래서 나처럼 20년의 황금과도 같은 귀한 시간을 한 번 뿐인 인생에서 낭비하지 않기를 간절히 바라는 마음이다.

나는 착한 사람이 되고자 애썼다. 그리고 남에게 항상 인정받기를 원했다. 일을 주는 동생들에게 명절에 귤 한 박스와 일하면서 필요한 티 걸이, 퍼터 키퍼 등 필요한 것들을 선물했다. 고객님께도 오버 팁을 5만 원이상 주시면 3만 원은 볼이나, 마크, 티 걸이를 사서 차에 넣어드렸다. 고객님은 나를 12년간 밥을 먹여주시고, 딸을 대학 공부를 시켜주신 분들이며, 미국 유학을 보내주신 은인이시다. 그래서 만나면 항상 반갑고, 고맙고, 감사한 마음뿐이다. 고객님뿐만이 아니라 페어웨이 잔디에게도 나는 인사를 한다. "잔디야! 돈 벌게 해줘서 고마워." 그리고 카트도 고맙다고 입을 맞춘다. "카트야! 고마워! 엄마 돈 벌게 해줘서 고마워!" 이렇게 항상 12년간 감사의 인사를 했다. 잔디도 카트도 나의 은인이나 다름이 없다.

컨트리 캐디로 일하면서 마음의 상처를 입을 때도 많다. 사람 마음은 내 맘 같지 않아 가끔 상대방에게 상처를 주기도 한다. 하지만 내 인생은 내가 주인이지, 남이 나의 주인이 되어 내 인생을 대신 살아줄 수는 없다. 남은 내 인생의 조연에 지나지 않는다. 내가 이 세상에 없다면 조연은 아무 필요가 없는 사람이다. 그러기에 모진 말에 상처받고 울고, 잠을 못 이루는 밤을 수없이 새워봤지만 다 부질없는 생각들이다. 이제 내 나이 55세가 되어서야 더 빨리 작가가 되고 1인 창업을 했어야 했다는 생각이 들고, 진작에 회사를 나와 1인 창업을 했어야 했다는 깨달음을 많이 느끼고 있다. 나는 어떤 분처럼 30억 빚이 없다. 그럼 된 것이다. 얼마 전 유튜브 구세주 김도사님께서 벤츠 딜러 작가분을 소개하시는 영상을 봤다. 그분은 30대로 20억의 빚을 지고 있었다. 〈한책협〉 김도사님을 만나 책을 써서 작가가 되고, 16억 정도의 빚을 다 갚아가고 있고, 4억 정도 빚이 남았다는 영상을 보았다. 이제 4억만 갚으면 이제부터는 자신의 돈을 모을 수 있는 시간이 도래하고 있는 것이다. 20억의 빚은 40억, 50억을 벌 수 있는 기회를 내게 안겨준다. 나 역시도 주식 투자로 퇴직금 1억과 내 아파트를 잃었다. 그 뒤 나는 죽을힘을 다해 일해 5억이라는 돈을 벌었다. 실패한 자만이 성공의 대열에 낄 수 있다는 것을 우리는 알아야 한다. 그것이 내가 54년 살면서 알게 된 삶의 원리와 비법이다. 실패하지 않은 자, 성공을 꿈꾸지도 마라! 도전하지 않은 자, 성공을 쟁취할 수 없다!

올해 55세로 마산여상 야간고등학교의 콤플렉스는 버렸다. 고등학교를 졸업하고 열심히 36년 직장 생활을 해왔으니 이제 그런 마음은 떨쳐 버려도 된다. 그 순간순간 최선을 다하고 열심히 살아온 것이 중요하지 학벌, 스펙 이런 것이 성공의 잣대가 되지 않는다. 고 정주영 회장님은 초등 학력으로 전 세계를 호령하신 분이시다. "나에게 실패는 있어도 포기는 없다."라는 말씀은 항상 내 가슴속에 숨 쉬고 있다.

54년을 살면서 알고 지낸 지인들은 다 걷어내려 한다. 과거를 버려야 미래로 나아갈 수가 있는 것이다. 나는 54년 내 과거를 다 버렸다. 이제 80세까지 앞만 보고 새로운 귀한 인연들을 만나면서 서로 꿈에 대해 얘기하고, 조언을 해주고 들으면서 서로 보완하며 같이 걸어갈 것이다. 내 눈부신 미래만 생각하고 생생하게 그리면서 하루하루 점점 나아지는 삶을 살아갈 것이다.

은행을 명예퇴직 하고 꽃집을 6개월 했다. 6개월 뒤 양산 영산대학교에 편입 공고가 신문에 났다. 그것을 보고 나는 당장 꽃집을 정리하고 이사를 했다. 그리고 실내디자인학과 3학년에 편입을 했다. 실기가 많았다. 부산 해운대에 있는 공중 화장실 그림을 그려와야 했고, 어려운 캐드도 학원에서 배워야 했다. 동생들은 시간을 아끼기 위해 학교 교실에 조그마한 화실을 만들어 과제를 해나갔다. 열심히 살아가는 동생들이 대견했다. 세상에 쉬운 공부란 없다.

이제 작가로서 출판 계약할 날이 얼마 남지 않았다. 보름 후면 부족하지만 원고를 투고해서 내가 원하는 출판사에 꼭 출판 계약을 하고 싶다. 얼마 남지 않았다. 2020년 5월 10일이면 보름 후면 나의 책이 출판 계약된다. 그리고 네이버 카페 '한국캐디양성사관학교' 1인 창업으로 우뚝 설 날이 머지않았다.

지금 이 힘든 상황을 걷어내고 싶다. 이제 앞으로 펼쳐질 미래, 화려하고 찬란한 나의 미래만을 생생하게 그리며 살아가고 싶다. 유튜브 구세주 김도사님의 영상을 일할 때와 잘 때 말고는 이어폰을 꽂고 산다. 120억 원을 이루신 구세주 김도사님의 삶을 되새기며 나도 할 수 있다는 열정을 깨운다. 구세주 김도사님의 유튜브를 볼 때마다 느끼는 것이지만, 김도사님은 아무것도 아껴두지도, 숨기지도 않고, 있는 그대로 우리에게 모든 것을 다 내어주신다. 세상에 이런 분이 있을까 하는 생각이 들 때가 많다. 열정적으로 강연해주시는 김도사님의 따뜻한 사랑과 열정을 존경한다. 구세주 김도사님 말씀대로 작가가 되어 퍼스널 브랜딩을 하고, 1인 창업을 해서 강연가, 메신저, 동기부여가, 라이프 코칭가가 되어 수입의 파이프라인을 다양화하여 10년 후에는 100억 재벌이 되어 우뚝 서 있을 것이다.

물을 마시고 싶다면 물가로 가서 물을 마셔야 하고, 성공하고 싶다면 성공을 이미 했거나 성공 가능성이 높은 사람을 가까이해야 한다. 유튜브 구세주 김도사님과 유튜브 〈권마담TV〉 권마담 대표님만 따라 간다면 120억 재벌이 될 수 있다는 확신을 가지고 있다. 상상이 현실이 됨을 증명할 날이 있을 것이라고 당당히 말할 수 있다. 의식 확장과 잠재의식으로 깊게 인식하여 평범한 내 인생이 김도사님으로 인해 바뀌었다. 나는 작가가 되었다.

8

인생의 무게 앞에 내 삶이 초라해 보일 때

상상은 지식보다 강력하다. 세상을 이끌어가는 사람들은
생각을 통해서 지식을 만들어가는 존재들이다.

- 《기적수업》 구세주 김도사 -

33살에 남편과 이혼하고, 주식 투자 실패로 내 아파트와 퇴직금 1억을 써보지도 못하고 다 날렸다. 내 욕심 때문에, 세상에 공짜 돈이 없다는 것을 뼈저리게 느끼며, 20년의 어둠의 세월 동안 배고픔에 허덕이며, 자존감 바닥으로 딸과 함께 지금껏 살아왔다. 지금 현재 내가 가지고 있는 돈을 목숨을 걸고 지켜야 한다는 것을, 돈이 얼마나 소중하며 얼마나 고귀한가를 느끼면서 20년의 눈물의 빵을 먹으며 살아왔다.

어제 일을 마치고 목욕을 하고 나와 몸을 닦고 있었다. 옆에 있던 동생이 "언니, 목 뒤에서 피나요!" 하며 놀라면서 말을 했다. 목 뒤가 어떠냐고 내가 물어보았다. 살이 뜯어져 있고, 피가 나오고 있었다. 교통사고로 목과 가슴이 통증이 심해 파스를 오래 붙이고 있다 보니 살갗이 뜯겨져 나온 것이다. 목욕을 하고 나면 가슴 통증이 더 심해진다. 오늘은 하루 종일 비가 온다. 10mm 정도가 와서 일이 안 된다. 2020년 4월 18일과 19일은 서울 분당 〈한책협〉에 책 출판 홍보 마케팅 수업과 카페 활용 특강 수업이 있어 비행기를 타고 서울로 가야 한다. 현재 내 상황이 교통사고로 6개월 정도 일을 못 해 경제적으로 많이 어렵고, 힘들어도 나는 미래에 마음을 두고 살아왔다. 지금의 금전적인 고통, 몸이 아픈 것은 시간이 지나가면 하늘에서 비가 오는 것처럼 내 인생도 해갈이 될 것이라는 믿음을 가지고 있다.

마산여상 야간고등학교를 다닐 때에도 나는 슬프지 않았다. 3년 동안 열심히 공부하면 내 인생에 틀림없이 밝은 빛이 있을 것이라고 믿었다. 그래서 죽을힘을 다해 공부했다. 그래서 마침내 경남은행이라는 대기업에 당당히 합격하여 비서실, 심사부, 검사부를 비롯한 15년 동안 지점 생활을 즐겁게 할 수 있었다. 그래서 고등학교 국어 선생님과 결혼도 하고, 딸도 낳아 8년 동안 행복한 결혼 생활을 할 수 있었다.

주식 투자 실패로 재산을 다 탕진하고 정신을 차려 쌍용자동차 영업을 3년 하는 동안 아침 8시부터 밤 12시까지 집에 가지 않고, 전단지와 내 명함을 기업체 사장님께 돌려 한 달에 5대를 팔 수 있었다. 어떨 때는 10대도 출고했다. 영업에 자신감이 붙어 양산 신도시로 이사와 3년 동안 상가 분양 일을 했다. 아침 8시부터 밤 11시 반까지 부산, 양산, 울산, 김해, 진해, 창원, 마산 기업체 사장님들께 내 명함과 전단지를 직접 뵙고 전해드렸다. 그래서 20억을 2번이나 계약할 수 있었다. 3년 동안 상가 분양 수수료로 1억을 벌었다. 노력은 절대 나를 배신하지 않는다. 내가 뿌려놓은 노력들은 누가 가져갈 수도 없고, 훔쳐갈 수도 없는 온전히 내 것인 것이다. 그래서 시간이 1년이 지나고, 2년이 지나면 내가 뿌려놓은 씨앗들이 싹이 트고, 잎이 나고, 열매를 맺어 계약이 어느 순간 일어나는 것이다. 계약은 그냥 일어나는 것이 아니라 때가 되어 무르익으면 내게 행운이 찾아오는 것이다. 그래서 지금 내가 힘들고, 도저히 살아갈 내일의 희망이 없더라도 결코 포기해서는 안 된다. 내일은 내일의 태양이 뜨기 때문이다. 우리는 인생을 80세까지 전체적으로 보는 안목을 키워야 한다. 인생은 80세까지, 100세까지의 긴 여행이다. 지금 40대, 50대 중반에 힘들다고 낙담할 필요는 없다. 고생한 만큼 그 끝에 모든 기회가 숨어 나를 기다리고 있기 때문이다. 나도 한때는 목숨을 끊고자 몇 번 시도를 했다. 하지만 딸이 있어 그만큼 모질게 내 목숨을 끊지는 못했다. 지금 생각하면 살아 있는 것이 얼마나 감사한 일인지 모른다. 사람은 지금 현재에 틀에 갇혀 미래를 볼 수 있는 눈이 없다. 그 틀에서 벗어나 위에서 나를 내려다볼 수 있는 마음의 여유가 있다면 더 밝은 마음, 더 희망에 가득한 마음으로 미래를 살아갈 수 있는데 우리는 그 틀 밖을 내다보지 못하는 실수를 범해 안타까운 목숨을 버리기도 한다. 이 세상에 우리가 태어난 데에는 자기에게 주어진 어떤 사명감의 천직과 이유가 있다. 내게 엄청난 시련과 역경이 엄습해 있다면 하나님께서 더 큰 그릇으로 쓰시기 위한 테스트의 시간을 거치고 있는 것이다. 지금 시험 중인 것이다. 이 어려운 현실을 즐길 수 있어야 한다. 그리고 삶의 진리인 고통 뒤에 행복과 낙원이 미소를 지으며 기다리고 있다는 것을 명심해야 한다.

어제는 이유도 없이 그냥 이 세상에 태어나 가장 행복한 마음으로 하루를 보냈다. 같이 라운딩을 나간 사모님 4분이 마음이 꽃보다 고우시고, 행복한 라운딩을 하고 있어 그런 것도 있지만 아침에 문득 떠오른 나의 생각 때문이다.

교통사고로 집에서 한의원을 다니며 비틀어진 목을 추나로 바로잡고, 레이저로 통증을 완화하는 치료를 4개월 정도 하고 있었다. 유튜브를 우연히 보게 되어 구세주 김도사님의 영상에서 1일 책 쓰기 특강을 한다고 하셨다. 그 영상을 보고 딸에게 비행기 표를 끊어달라고 했다. 그 길로 2020년 1월 19일 서울 분당에 있는 〈한책협〉에 가서 1일 특강을 들은 날, 김도사님께 현재 사정을 말씀 드리고, 책 쓰기 6주 과정을 신청할 수 있었다. 책 쓰기 1주기 수업 때 자기가 생각하는 주제를 말하는 시간이 있었다. 김도사님께서는 12년 캐디 생활한 것을 주제로 했으면 하셨다. 나는 '도전하는 삶'을 하고 싶다고 말씀 드렸다. 그 뒤 도사님과 1대1 코칭 상담 시간을 가졌을 때에도 한 번 더 도사님께서 캐디 생활을 책으로 쓰라고 조언해주셨다. 나는 알게 모르게 내면에 캐디 생활을 부끄럽게 느끼고 있었던 것 같다. 그래서 자꾸 감추고 싶은 마음이 내 마음속에 깔려 있었던 것은 사실이다. 하지만 캐디 생활 12년으로 5억 원을 벌어 딸을 대학 공부를 시키고, 미국 유학을 보낸 소중한 나의 직업이었음은 틀림이 없다. 감사해야 할 일을 나의 치부라고 잘못 생각하고 있었던 것이다. 그 뒤 김도사님의 깊은 뜻을 알게 되었다.

구세주 김도사님의 유튜브에는 '지금 당장 시작하라!'는 영상이 있다. 그 동영상을 계속 5일째 보고 있다. 그 영상에 담긴 내용은 200만 원 월급쟁이에서 탈출하는 방법이 다 실려 있다. 황금 같은 귀한 말씀으로 모든 것을 우리에게 다 알려주고 있다. 나라면 이 모든 정보를 공유할 수 있을까 라는 생각이 드는 것까지 모두 유튜브 동영상에 노출하셨다. 나는 욕심 없이 열정적으로 우리의 인생을 바꿔주기 위해 목숨 걸고 일하시는 구세주 김도사님을 존경한다. 유튜브 구독자가 30만, 50만을 넘어 100만 구독자가 되기를 두 손 모아 염원 하고 있다. 어제 그 깨달음이 왔다. 왜 캐디 12년 생활을 책으로 써야 하며, 네이버 카페에 '한국캐디양성 사관학교'를 세워야 하는지를 깨닫게 되었다. 김도사님께서 누차 말씀하신 것을 3개월이 지나서 알게 되었다. 그래서 나도 1인 창업으로 기업가가 되어 메신저로, 강연가로, 동기부여가로, 라이프 코칭가로 80세까지 잘 살아 갈 수 있겠구나 하는 자신감이 몰려와 하루 종일 행복한 마음으로 하루를 보낼 수 있었던 것 이다. 〈한책협〉 일상 게시판에 구세주 김도사님과 권마담 대표님, 포민정 코치님, 권미래 코치님, 정소장 님, 김이슬 코치님이 선크루즈 호텔에서 4일간 워크샵 하시는 모습을 담아 올리셨다. 아름답고 멋진 바다가 펼쳐져 있는 광활한 뷰를 자랑하는 곳에서 맛있는 음식을 먹고 행복한 시간을 보내시는 모습을 보면서, 나도 저런 날이 올 것이라는 상상을 했다. 상상의 힘은 무섭다. 생생하게 나의 꿈과 미래를 또렷이 내 잠재의식에 각인시키면 거짓말처럼 그것이 현실이 되어 현재가 된다. 이제 나는 4장 마지막 장을 집필할 예정이다. 이제 4분의 3의 고개를 넘었다. 오늘 92기 동기생 김병권 작가님이 다음 주 월요일에 김도사님으로부터 투고 명령을 받았다. 곧 나의 책 쓰기 92기 동기생 중 세 번째 작가가 출판 계약을 준비하는 것이다. 〈한책협〉에서 기적이 계속 일어나고 있다. 나 역시 그 기적 안에서 책을 쓰고 있다. 나에게도 기적의 순간이 보름 후면 다가온다. 기쁜 마음으로 달려갈 생각이다. 오늘 밖에는 비가 촉촉이 내리고 있다. 온 세상이 깨끗하게 청소가 되어 새 세상이 되었다. 코로나도 그 비에 씻겨 내려가 온 세계 국민들의 노심초사 하는 마음이 좀 누그러졌으면 하는 바람이 크다. 어제 앉은 채로 책을 쓰다 잠이 들었다. 디스크 통증이 더 심해진 것 같다. 비가 오니 교통사고 후유증으로 몸이 많이 처지고 깔리는 기분이다. 밥을 먹고 병원에 가서 가슴 통증 주사도 맞고 집으로 내려가 내일 〈한책협〉 수업에 참석하기 위해 비행기를 타야 한다.

곰곰이 생각해보면 오빠의 사업 실패로 나는 야간고등학교를 가게 되었는데, 야간고등학교를 가지 않았다면 내가 그렇게 인생을 열심히 살았을까 하는 의문이 든다. 초등학교, 중학교 생활하는 동안 나는 반에서 18등을 하는 아주 평범하고 순박한 학생이었다. 나라는 존재가 있는지 없는지 알 수 없는 그런 학생이었다. 영어 시간과 수학 시간이 돌아오면 번호가 불릴까 봐 조마조마하며 시간을 죽이며 수업시간을 보내는 학생에 불과했다. 그런 내가 오빠의 사업 실패로 사회에 내몰리게 되었다. 진해 조선소에 급사 생활을 3년을 한 것이다. 내가 1인 창업가가 될 수 있는 밑거름이 되어준 진해조선소의 급사 생활로 나는 경남은행 15년을 근무할 수 있었고, 그리고 고등학교 국어 선생과 결혼하여 딸도 낳고, 8년 동안 행복한 결혼 생활을 할 수 있었다. 33살에 이혼하고, 주식 투자 실패로 20년의 세월을 고생하며 컨트리 12년의 생활로 5억 원을 벌어 딸을 대학 공부를 시키고 미국 유학도 보낼 수 있었다. 그러고 보면 불행이 꼭 불행이라고 말할 수 없다. 불행은 또 다른 얼굴을 하고 있는 행운의 얼굴이다. 불행은 7가지의 행운과 함께 왔다는 것을 54년이 지난 지금 알게 되었다.

지금 자신이 엄청 힘들고 현실을 견디기 어렵다고 생각이 든다면 그 사람은 정말 행운아라는 말을 해주고 싶다. 불행이 행운과 함께 왔으니 이제 행운으로 바뀔 버퍼링 시간만 견디면 된다. 그것을 견디지 못해 힘이 드는 것이다. 확고한 자기 자신을 믿는 의지만 있다면 누구나가 실패를 딛고 일어날 수 있다. 나 역시도 주식 투자 실패로 20년의 귀한 시간을 낭비하며 여기까지 왔지만 주식 투자 실패가 없었다면 유튜브 김도사님도 못 만났을 것이고 책을 쓰지도 않았을 것이며, 1인 창업가도 되지 못해 그저 평범한 인생을 80세까지 살다가 생을 마감했을 것이다. 그렇게 생각해본다면 불행은 축복이고, 불행은 또 다른 삶을 영위하게 하기 위한 것임을 깨닫게 된다. 오빠의 사업 실패가 없었다면, 주식 투자 실패가 없었다면, 3번의 교통사고가 없었다면 나는 내 운명을 바꿔줄 유튜브 구세주 김도사님을 만나지 못했을 것이다. 〈한책협〉의 김태광 작가님의 제자가 되지 못했을 것이다. 그러니 나의 불행에 감사해야 한다. 나의 불행 뒤에 인생의 기회를 눈을 부릅뜨고 찾아봐야 한다. 내 운명을 바꿔줄 귀인이 가까이 있음을 인지해야 하는 것이다. 자신에게 감당하지 못할 불행이 찾아왔다면 이제 곧 성공의 문이 열리고 있다는 징조이다!

9

홀로 잠들지 못하는 밤

고수는 기다리지만, 하수는 불안해한다. 고수는 묵묵한 기다림으로
기회를 잡지만 하수는 일찍 움직이는 바람에 기회를 잃는다.

-《기적수업》구세주 김도사 -

2020년 4월 7일 나로 인해 교통사고가 났다. 고속도로에서 110km로
달리던 내가 서 있는 차를 늦게 발견하여 브레이크를 밟았으나 앞 차와
그 앞 차를 박아 그분들에게 정신적으로, 금전적으로 피해를 주게 되었
다. 두 분은 다행히 목을 약간 다쳤을 뿐 많이 다치지 않은 것에 감사할
따름이다. 앞 차의 수리비가 1,500만 원이 나왔다. 그 앞 차는 150만 원
의 수리비가 나왔다. 나는 핸들에 가슴을 심하게 부딪혀 오늘처럼 비가
오는 날에는 통증이 많이 심하다. 목도 많이 아프다. 내차 엔진에서 연기
가 나고, 앞 범퍼가 내려앉았다. 그만큼 나에게 충격이 컸다. 코란도가
아니었다면 나는 죽었을지도 모른다. 3번의 교통사고가 있었다. 그래도

하나님께서 나를 귀하게 쓰시려고 살려주셔서 나에게 황금골든 티켓을
3번이나 손에 쥐어주셨다. 나의 사명과 천직을 깨닫게 해주셨다.

　2020년 4월 18일 책 출판 홍보 마케팅 수업과 19일 카페 활용법 수업
과 매출을 올리는 포스팅 특강이 있어 서울에 11시 비행기로 올라왔다.
김포공항에 내려 마곡나루 가는 방향을 반대편에서 한 시간째 기다려도
급행이 오지 않아 반대편에 서니 바로 급행이 왔다. 엉뚱하게 한 시간을
낭비했다. 그래도 서울에 몇 번 와 봤는데도 아직도 지하철 타는 것이 헷
갈린다. 핸드폰으로 찍어두어야겠다.

　오늘 〈한책협〉에 92기 동기 엄마 이창순 작가님 댁에 불이 났다고 게
시글이 올라와 있었다. 다행히 엄마와 남편분이 별로 다치지 않고, 119가
와서 불을 껐다고 했다. 정말 큰일을 당할 뻔했다. 얼마나 다행인가? 감
사한 마음뿐이다. 나 역시도 2019년 9월 21일 교통사고로 6개월 동안 일
도 못 하고, 몸 치료하는 데 시간을 보냈는데 이제 좀 몸이 회복되어 돈
을 벌려고 출근하는데, 내가 사고를 내어 가슴과 목을 다쳐 통증이 심한
편이다. 돈이 없어 병원에 입원해 치료를 받을 처지도 안 되고, 차 수리
비 250만 원 중 140만 원을 내가 부담해야 한다. 교통사고 후유증으로 물
리 치료도 하고, 병원 입원도 한 달 정도는 해야 회복이 되는 몸이다. 입
원할 처지가 못 되어 통원 치료를 하고 있다. 3개월 정도는 통증이 가시

지 않아 고생해야 될 것 같다.

이제 분당선으로 갈아탔다. 통증 약을 먹어서인지 졸음이 쏟아진다. 어제 서울 오는 비행기 표를 끊기 위해 새벽 1시까지 인터파크 비행기 예매를 했다. 아무리 해도 예약이 되지 않는다. 계속 가는 비행기 체크만 나오고 돌아오는 비행기가 나오지 않아 딸에게 새벽 1시에 비행기를 끊어달라고 전화를 했다. 딸은 컴맹 엄마의 구세주다! 항상 비행기 표를 끊어주고, 컴퓨터 이메일 보내는 과제도 불평 한 번 없이 보내준다. 엄마 도와줘서 고마워!

2시에 비행기 예매를 해주어 김포공항으로 11시 비행기를 타고 올 수 있었다. 딸이 없으면 서울에 오고 싶어도 못 올 뻔했다. 서울로 올 때 구세주 김도사님의 유튜브를 계속 들으면서 의식 확장과 잠재의식을 심어 내 꿈을 이루기 위해 상상이 현실이 됨을 알고 생생하게 생각하고 꿈을 현실로 만들어가고 있다. 오늘도 어김없이 김도사님은 우리들에게 부자가 되기 위해, 인생을 바꾸기 위해 책을 써야 한다고 피를 토하는 심정으로, 열정적으로 말씀하신다. 3개월이 지난 지금은 구세주 김도사님이 하시는 이야기를 알 것 같다. 책을 써서 자신을 브랜딩하고 수입이 들어오는 파이프라인을 만들어 1인 창업으로 강연가, 메신저, 동기부여가, 라이프 코칭가가 되어 살라고 알려주신다. 이제야 김도사님의 열정의 말씀이 가슴에 꽂힌다. 이제야 김도사님의 말씀이 황금 덩어리라는 것을 알 것 같다. 김도사님의 유튜브 〈네빌고다드TV〉를 보고, 의식을 혁명하는 것이야말로 내 운명을 완전히 딴 사람으로 바꿀 수 있는 길임을 알았다. 유튜브를 보면서 열정적으로 목숨 걸고 하지 않으면 아무런 결과도 만들어 내지 못한다는 것을 알게 되었다. 목숨 걸고 내게 주어진 하나님의 사명을 잘 받들면서 살아가야겠다는 다짐을 하게 되었다. 이제 지하철 3코스만 지나면 분당 수내역 〈한책협〉에 도착한다. 양산에서 멀리 여기까지와 있다. 나와 김도사님과 인연이 없었다면 내가 지금 여기에 있었을까? 하나님의 뜻이 없었다면 내가 책을 쓰고, 1인 창업가가 되었을까 하는 생각이 든다. 이 모든 것은 하나님께서 준비하신 일임에 틀림이 없다.

내일 1인 창업 네이버 카페에 올릴 사진을 위해 옷을 3벌 가지고 왔다. 사진을 몇 장 찍어 네이버 카페 내 1인 창업 '한국캐디양성사관학교'에 올릴 사진이다. 내 회사의 얼굴 사진인 것이다. 어제는 2시쯤 잠이 들었다. 11시 비행기라 아침 8시에 택시를 타고 김해 공항에 갔다. 김포공항 가는 첫 비행기라고 했다. 딸이 비행기 표를 끊어주어 무사히 서울에 도착해서 권마담 대표님의 책 출판 홍보 마케팅 수업을 시간 가는 줄 모르고 들었다. 권마담 대표님은 첫 번째 출판한 책을 11번 인쇄를 하셨다 한다. 정말 대단한 일이 아닌가? 하는 생각이 든다. 열정적으로 책 출판 홍보에 대한 정보와 그동안 해오신 방법을 상세히 우리에게 알려주셨다. 특히 권마담 대표님께서 강조하신 내용은 작가는 당당하게 책을 사라고 요구할 수 있어야 한다는 것이었다. 뻔뻔하게 자랑하고 책을 사라고 당당하게 말할 수 있어야 책 홍보 마케팅을 1~2주까지 최대한 끌어올릴 수 있다고 말씀해주셨다. 많은 도움이 되었다. 매일매일 새로운 책이 쏟아져 나오기 때문에 출판 후 2주가 가장 중요한 시기다.

서울에 올라와 김포공항에서 대한항공 승무원이 지나가는 것을 보았다. 나는 비행기 승무원에 대한 환상이 많았다. 오죽했으면 에미레이트 항공사 청소부가 될까 하는 생각까지도 한 적이 있다. 내가 봐도 우리 딸보다 못한데 우리 딸은 싱가폴 항공 최종 면접에서 떨어졌었다. 정말 이해할 수가 없는 일이다. 하지만 이제는 생각이 바뀌었다. 한때는 딸이 승무원 면접을 볼 때 휴가를 내서 같이 미용실도 가서 화장하는 시간까지 기다리고, 머리도 예쁘게 하고, 면접시간이 끝날 때까지 기다리며 가슴을 졸였다. 하지만 이제는 오히려 승무원이 안 되길 잘했다는 생각이 든다. 직업에 귀천은 없지만 승무원보다는 아프면 병원에 바로 갈 수 있는 안전이 보장되는 호텔리어로 일하고 있는 것이 더 좋다. 딸이 체력이 약해서 지금 현재가 더 좋다. 2년 동안 호텔리어로 잘하고 있어 감사할 따름이다.

권마담 대표님의 책 출판 홍보 마케팅 수업을 마치고 가까이 있는 분

식점에 중국에서 온 엄마가 해주시는 수제비를 먹었다. 수제비는 우리 엄마가 8남매에게 가장 많이 끓여주신 사랑이 담겨 있는 음식이라 세상에서 가장 좋아하는 음식 중에 하나다. 수제비를 먹고 나니 밤 11시가 되어 있었다. 분당 서현역에서 책을 조금 쓰다가 지하철 안에 있는 화장실에서 편한 옷으로 갈아입었다. 그곳에는 집이 없는 남자분들이 잠을 청하기 위해 자리를 잡고 있었다. 두려운 마음도 있고 지갑에 카드와 현금이 조금 있어 떨리는 마음을 가다듬었다. 이곳에서 밤을 새워야 한다는 마음이 부담으로 다가왔다. 잠시 앉아서 눈을 감았다가 일어났다. 금새 새벽 5시가 되었다. 또 하루가 시작된다. 오늘은 포민정 수석 코치님의 카페 활용법과 매출 올리는 포스팅 특강 수업이 오후 1시에 〈한책협〉에서 있다. 오늘은 내 네이버 카페 '한국캐디양성사관학교'에 올릴 사진도 촬영하는 날이다. 내 기업체가 만들어지고, 54년 살아낸 인생으로 살아온 도전하는 삶을 알려주어 10년 동안 누구나 열심히 일한다면 5억을 벌 수 있는 진리와 비법을 알려줄 수 있어 너무 가슴 벅차고 행복하다. 자신의 인생이 처절하다면 네이버 카페 '한국캐디양성사관학교'에 댓글을 남겨주면 된다. 또한 문수빈 010-5019-3548로 문자를 남겨주면 인생의 천직 운명을 바꿀 수 있다.

나는 3번의 교통사고로 죽음의 고비를 넘겼다. 하나님의 뜻으로, 하나님께서 하나님의 도구로 쓰시고자 3번의 죽음을 넘겨 황금골든 티켓을 손에 쥐어주어 아직도 이렇게 살아가고 있다. 3번의 죽음의 고비 중 2번이나 코란도 밴 차를 폐차할 만큼 큰 사고가 있었다. 사고 후 느낀 것은 내 사명에 젊은이들에게 '지금! 오늘! 당장! 내가 가장 심장 떨리는 일은 무엇인가? 무엇을 하며 살아야 하는가?'를 생각하게 하는 메신저가 되어야 한다는 것이었다. 나는 젊은이들의 천직을 깨닫게 해주는 강연가, 1인 창업가, 메신저, 동기부여가, 라이프 코칭가가 되었다. 이것이 하나님께서 내게 주신 천직이었다는 것을 54년을 살면서 깨닫게 되었다.

사람들은 자신의 삶이 고통스럽다고 한다. 아이들을 공부시켜야 하는 금전적인 고민, 대출 이자를 내야 하고, 임대료, 관리비, 핸드폰 요금, 보험료, 생활비 등 감당해야 할 과제가 우리에게 매월 산재해 있다. 이것을 해결하기 위해 아등바등 하루하루를 살아가고 있다. 지금은 전 세계가 코로나로 경제위기에 봉착해 있다. 하루이틀 만에 지나갈 것이 아닌 재앙 수준에 가까운 경제 위기 상태, 실직 상태의 소용돌이 속에 서 있다. 우리는 서로 마음을 다해 이 어려운 시기를 잘 견뎌내야 한다. 1년 뒤 내 미래를 위해 지금 준비하지 않으면 안 된다. 가장 어두울 때가 적기임을 알아야 한다. 가장 힘든 현실의 삶이 곧 행복이 몰려올 시기라는 것을, 멀리 내다볼 수 있는 안목이 있어야 한다. 우리는 특별하고 위대한 사람임을 깨달아야 한다. 자신이 초라하고 가진 것이 없다 해도 우리가 이 세상에 태어난 이유와 천직과 사명이 있다는 것을, 성공한 사람으로 살아갈 수 있다는 것을, 자신의 고통이 고통이 아닌, 고난이라는 것을 가슴 깊이 깨달아야 한다. 고난은 내가 아는 고통이다. 성공하기 위해 뛰어넘어야 하는 순서, 허들 같은 것이라고 생각해야 한다. 이것을 뛰어넘으면 행복하고 빛나는 미래가 나를 기다리고 있는 것이다. 우리는 하나님의 아들과 딸로 귀한 존재임을 알아야 한다. 우리는 누구나 작가가 될 수 있다. 자신이 살아온 40년, 50년 실패했던 경험들, 성공했던 경험들을 책으로 쓴다면 그것을 읽은 독자들에게 피가 되고, 살이 되어 감동을 주어 메신저로, 강연가로, 동기부여가로, 라이프 코칭가로 1인 창업가가 되어 새로운 인생을 찬란한 인생을 펼쳐나갈 수 있는 것이다. 나이가 많거나 적어도 꿈과 목표를 가져야 한다. 우리는 미래의 꿈을 보고 살아가는 것이다. 상상의 힘을 믿고 내 생각이 현실이 됨을 믿고 살아가야 한다. 의식혁명으로 잠재의식에 나의 믿음을 심고, 현실의 어려움을 견디고 이겨내고, 버퍼링 시간이 지나고 나면 우리가 꿈꾸는 빛나는 미래가 펼쳐질 것이다. 믿음으로 걸어가야 한다. 우리는 모두가 기적이다!

4 장

나의 행복을 절대 남에게 맡기지 마라

행복은 멀리 있지 않다

살다 보면 힘든 상황에 처하게 된다. 그렇더라도 결코 절망의 편에 기대면 안 된다.
한줌의 희망일지라도 그 희망의 편에 기대서야 한다.

- 《기적수업》 구세주 김도사 -

아침에 일어나 쇠고기국밥 집에 가서 국밥을 먹었다. 음악이 잔잔하게
나오는데 왜 계속 눈물이 쏟아지는지 모르겠다. 계속 휴지로 눈물을 닦
아도 멈춰지지가 않는다. 괜히 음식을 들고 오는 주인 보기가 민망해서
"음악이 너무 슬퍼 눈물이 납니다."라고 얘기했다. 어제 〈한책협〉 권마담
대표님의 책 출판 홍보 마케팅 수업이 있었다. 수업 시간에 자신의 일상
을 발표하는 시간이 있었다. 그때 나는 이렇게 이야기를 했다. "오늘 내
생애 제일 자신이 예뻐 보여서 지하철 안에서 벤치에 앉아 있는 20대 아
가씨에게 전신사진 좀 찍어주세요! 라고 부탁을 했다."라고 발표를 했다.
정말 난 그랬다. 어제 하얀 블라우스에 핑크 원피스를 입은 나 자신이 너

무 예뻐 보였다.

어제 처음으로 20년 만에 나 문수빈을 보았다. 15년 동안 잘 다니던 경남은행에서 IMF 외환위기로 노조 위원장이 은행이 어렵다고 하며, 10년 이상 장기 근속자들의 퇴직을 독려하고 있었다. 나는 1초의 망설임도 없이 퇴직금 1억을 받고 사직서를 제출했다. 남편과 의논 한마디 하지 않았다. 큰언니와 상의 한마디 하지 않았다. 그만큼 나는 경남은행을 나보다 더 사랑하고 있었다. 회사가 어려우면 당연히 회사를 나가야 한다는 사고를 가지고 있었다. 경남은행 비서실에 근무했기에 누구보다 은행을 위하는 마음이 컸다. 15년 동안 나를 먹여 살려준 곳이기도 하기 때문이다. 퇴직금 1억과 내 명의의 아파트를 주식에 올인했었다. 18,000원 하던 주식은 순식간에 폭락하여 전 재산이 사라져버렸다. 불행은 항상 또 다른 불행을 몰고 온다. 남편은 살고 싶은 사람이 있다며 이혼을 해달라고 했다. 그렇게 가난하고, 배고프고, 힘든 시간 20년을 돌아 어제 처음으로 나를 바라보게 되었다. 20년 만에 내 눈에 들어왔다. 식당 안에는 애절한 바이올린 음악이 흐르고 있다. 이유도 없이 눈물이 자꾸 흘러내린다. 기쁨의 눈물이었다.

행복은 멀리 있는 것이 아니다. 내 마음이 평화롭고 행복하면 만사가 행복하고, 세상이 온통 장밋빛으로 물들어 보이는 것이다. 힘든 시간이 지나고 나니 이렇게 마음의 여유를 가지고 살아가는 시간이 도래하는구나! 하는 생각이 들었다. 지금 2020년 4월 18~19일 〈한책협〉 책 출판 홍보 마케팅, 카페 활용법과 매출을 올리는 포스팅 특강 수업을 듣고 양산으로 내려가기 위해 김포공항에서 오후 12시 반 비행기를 기다리며, 마지막 4장 1꼭지를 쓰고 있다. 귀에는 구세주 김도사님의 유튜브를 들으며 의식 확장을 하고 책을 쓰니 글이 저절로 술술 써진다. 내가 지하철 안에서 20대 아가씨에게 사진을 찍어달라고 부탁하는 것도, 〈한책협〉 사무실 옆 꽃이 피어 있는 공원 옆에서 사진을 찍는 내 모습을 보니 내 마음이 행복하고, 내면에 화려한 그림들을 걸어두고 있는 내 모습을 발견하고, 나 자신도 깜짝 놀랐다. 어제 네이버 카페에 1인 창업 대표 사진을 넣을 사진을 찍었다. 그래서 핑크 원피스도 준비하고, 얼굴이 환하게 보이는 파란색 정장도 준비를 해서 그런지 날개옷을 입은 듯 들뜬 기분이 든다. 그래서 옷이 날개라고 하나 보다. 사람은 자신을 어떻게 꾸미고 가꾸느냐에 따라 완전히 다른 사람으로 비칠 수 있다. 연예인들의 TV 화면의 모습을 보면 잘 알 수가 있다. 부잣집 사모님의 모습과 남루한 모습으로 일하는 분의 모습은 한끗 차이라는 것을 우리는 인식할 수 있어야 한다. 3개월 만에 〈한책협〉 1일 책 쓰기 특강을 듣고, 6주 책 쓰기 과정을 신청하면서 1주차 수업 시간에 발표할 자기 소개서를 비행기 시간을 기다리며 찬찬히 읽어보았다. 발표 전날 떨리는 마음으로 독수리 타법으로 자기소개서 2장을 썼던 내가 이제 6주 책 쓰기 과정을 무사히 마치고, 1

인 창업가 과정 수업을 듣고, 네이버 카페 제작 신청도 하고, 하루 만에 끝내는 1인 창업 특강도 듣고, 어제 책 출판 홍보 마케팅과 카페 활용법, 매출을 올리는 포스팅 특강까지 수업을 마쳤다. 이제 유튜브 과정과 강연 과정 수업을 돈을 모아 5월에 받을 생각이다.

책이 출판되면 책에 사인할 사인 디자인도 신청했고, 강연에 필요한 자료 PPT 제작도 신청했다. 내가 이렇게 지금 배우고 있고, 배워야 할 과정들을 나열하는 것은 인생을 바꾸고 싶은, 나와 똑같은 마음으로 인생을 살아가기를 원하는 독자들에게 길잡이가 되어주고 싶어서다. 불과 3개월 전에는 가진 것 없고, 평범한 50대 중반의 직장인이었던 내가 지금은 유튜버 구세주 김도사님을 만나 완전히 다른 사람으로 살게 되었다. 구세주 김도사님과의 만남으로 나는 작가로 책을 써서 자신을 브랜딩하고, 1인 창업가가 되어 강연가, 메신저, 동기부여가, 라이프 코칭가로 수입의 파이프라인을 구축하게 되었다. 이 모든 것이 김도사님과의 귀한 인연으로 이루어진 것이다. 난 천운을 만난 것이다. 내가 바라고 원하는 미래를 위해 무언가를 하고 있고, 그 꿈을 향해 달려가고 있다는 것이 얼마나 심장 떨리는 삶인지 모른다.

나는 고등학교를 입학하면서 진해조선소 급사 생활을 시작으로 직장 생활을 시작했다. 경남은행 15년, 쌍용자동차 영업 3년, 상가 분양 영업

3년, 컨트리 캐디 12년, 직장 생활 만 36년을 했다. 이제는 54년의 삶과 직장 생활 동안의 실패와 성공의 경험들, 삶의 원리와 비법들을 삶의 등불이 되어주는, 사명을 깨닫게 되었다. 이것이 진정한 행복이 아니고 무엇이겠는가? 1인 창업가로 유튜버로 빛나는 나의 미래를 생각하며 살아가는 것이 얼마나 가슴 떨린 삶인가? 이것을 절실히 느끼면서 하루하루 가슴 뛰는 삶을 살아가고 있다. 〈한책협〉 구세주 김도사님을 만나면 운명을 바꿀 수 있다. 행복은 멀리 있지 않다. 지금 내가 있는 곳, 〈한책협〉에 인생의 모든 답이 있다.

양산에 내려와 차 수리가 다 되어 차를 찾으러 왔다. 사장님께서 차 떨림이 심하다고 하시면서 부품을 갈아준다고 하셔서 4시간 째 기다리고 있다. 기다리고 있는 동안 유튜브에 동영상 업로드하는 것을 가르쳐드렸다. 자동차 정비하는 것을 유튜브에 올리면 기술을 필요로 하는 사람은 기술을 배울 수 있고, 자동차 고장이 나면 상식으로 정보를 공유할 수 있는 것이다. 20년 동안 평생 몸에 기름때를 묻히고 사는 사람들은 돈을 쉽게 버는 것을 탐탁하게 생각하지 않는다. 땀 흘리고 일하는 삶을 소중히 생각하기 때문이다. 동영상을 업로드하는 것을 A4용지에 순서대로 적어드리고 직접 보여드렸다. 양산 쌍용그린종합정비 사장님이 자동차 정비 콘텐츠로 유튜브로 대박 나시길 바라는 마음이 간절하다. 부산 김해공항에 내려오기 전에 여행용 캐리어 가방을 사서 집으로 택배 신청을 하고,

직원에게 어제 만든 네이버 카페 '한국캐디양성사관학교'에 가입 인사 등록을 부탁했다. 네이버 카페를 개설하고, 1인 창업가가 된 만큼 내가 사장이라는 마인드로 카페를 관리할 생각이다. 〈한책협〉 포민정 코치님께서 문자가 왔다. 강연에 사용할 PPT 자료 중 인물 사진과 약력을 보내달라고 요청하셨다. '이제 정말 내 인생이 시작되는구나!' 하는 실감이 피부로 와 닿았다. '이제 내 인생 2막이 열리는구나! 내가 꿈꾸던 미래가 펼쳐지는구나!' 하는 생각이 들었다. 한 사람을 1인 창업가로 만들기 위해 밤낮으로 잠을 설치며 일하시는 〈한책협〉 김도사님, 권마담 대표님, 포민정 코치님, 정소장님께 감사한 마음 금할 길 없다. 김포공항 화장실 청소하시는 엄마에게 음료수를 하나 드리며 네이버 카페 가입을 요청했다. 엄마들은 핸드폰을 남이 사용하는 것을 많이 겁내신다. 혹시 요금이라도 많이 나올까 봐 함부로 핸드폰을 호주머니에서 꺼내놓지 않는다. 그만큼 인터넷 세상과는 거리가 먼 삶을 살아가신다.

어제 〈한책협〉 수업을 마치고 포스팅할 것이 많아 가까이에 있는 스타벅스에 가서 포스팅을 올렸다. 밤 9시에 출발했는데 딸이 살고 있는 등촌에 도착하니 밤 11시가 되었다. 등촌에 오면 가는 분식집이 있다. 엄마는 연세가 70살이신데, 동생 6명을 일찍 돌아가신 부모님 대신 혼자 키우셨다고 하셨다. 고등학교를 야간을 보내서 동생들에게 미안하다며 눈물을 흘리며 얘기해주셨다. 지금은 전부 결혼해서 화목하게 살아가고 있으니 더할 나위 없이 기쁘다고 하셨다. 남편도 없이 늦게까지 우동을 파시는 엄마를 보면서 열심히 살아야겠다는 다짐을 하게 된다. 엄마께서 내게 이런 말씀을 해주셨다. "돈도 명예도 필요 없어! 그냥 마음 편하게 하고 싶은 것 하고 살아!" 그 말씀이 맞다. 내가 하고 싶은 것을 하고 사는 것이 최고다. 그게 진정한 행복이다. 나는 내가 하고 싶은 천직을 찾았다. 그리고 돈을 모아 딸과 크루즈 여행으로 세계 일주를 하기 위해 〈권마담 TV〉 인크루즈 멤버십에 가입했다. 지금은 코로나로 여행이 힘들지만 내년에 코로나가 자취를 감추고 전 세계가 안전하게 되면 딸과 떠나고 싶은 나라를 정해 행복한 탈출을 해보려 한다. 여행은 그동안 지친 나의 심신을 재충전하고, 자신을 돌아보는 시간이다. 일하는 만큼이나 휴식을 취하는 것도 인생에서 중요하다. 행복은 결코 멀리 있지 않다. 내 안에, 내 바로 옆에 그림자처럼, 동반자처럼 항상 머물러 있다.

2

그럼에도 불구하고 나는

독서를 할 때 가슴 뛰는 문구들을 메모해서 눈에 잘 띄는 곳에 붙여두고 수시로 보라.
이런 사소한 일들이 일상을 활기차게 만들고 결국에는 미래를 바꾸게 된다.

－《기적수업》구세주 김도사 －

참 멀리도 달려왔다. 내 나이 벌써 55세가 되었다. 이제는 직장 생활 36년을 마감하고, 내가 원하는 1인 창업으로 80세까지 살아가야 한다. 이제 그동안 내가 살아온 인생들을 찬찬히 돌아보는 시간이 되었다. 먹고살기 위해 쉼 없이 달려온 시간들 좋은 일도, 실패한 일도 성공한 일도 많았다. 내 인생에 의미 없는 시간이라는 것이 있었을까? 아마 그런 시간은 없을 것이다. 사람이 살아가는 데 실패한 인생을 살았다고 그것이 의미가 없는 것이 아니다. 실패한 것은 그 실패의 고통으로 그만한 대가를 지불해야 한다. 그래서 그 실패의 깨달음으로 더 나은 생각의 깊이가 생겨나 귀한 시간을 낭비하지 않으며 살아갈 수 있게 되는 것이다. 성공한 것이 있다면 그것으로 자신감이 생겨 또 다른 달란트를 꺼내 그동안 내가 살아왔던 길이 아닌 다른 길을 걸어가는 삶을 살기도 한다. 어차피 인생은 한 번뿐이다. 그리고 지나간 시간들은 되돌릴 수 없다. 돈보다 더 귀한 것이 시간임을 알아야 한다. 돈으로 시간을 살 수 있는 생각의 전환이 필요하다.

내가 작가로 1인 창업가로 살아갈 수 있는 계기는 오빠의 사업 실패다. 고등학교 입학시험을 앞두고 있을 때 오빠는 건물을 지을 때 쓰는 벽돌 브로크 사업을 했었는데 그 사업이 잘되지 않았다. 그래서 부득이하게 마산여자상업고등학교 야간을 가게 되었다. 우리 8남매 가족은 엄마, 아버지의 성실성을 물려받아 인생을 그렇게 심각하게 받아들이지 않고, 밝게 바라보고 살아가는 사고를 가지고 있다. 지금 현재 상황이 어려우면 어렵다고 생각하지 않고 지금 이 순간, 이 자리에서 내가 무엇을 하면 되지 하는 생각부터 먼저 하는 도전적이고 진취적인 사고를 하는 편이다. 8남매의 성격은 초등학교, 중학교, 고등학교 12년을 전부 개근상을 받은 틀에 박히고 융통성 없는 공무원 스타일의 성격의 소유자들이다. 내 바로 위 언니만 중학교 때 다리 골수염으로 병원 생활하느라고 학교를 1년 휴학한 것 말고는 결석을 해본 적이 없다.

엄마가 나에게 미안해하시며 "집안 형편이 어려워 야간고등학교를 가야 할 것 같다."라고 하셨다. 하지만 나는 별 생각을 하지 않고 "네"라고 대답했다. 내가 마산여상 야간고등학교를 가지 않았다면 고등학교 3년 동안 피나는 노력을 하며 공부를 했을까 하는 의문이 든다. 아마 열심히 하지 않았을 것이다. 나는 초등학교, 중학교 시절에 반에서 내가 있는지 없는지도 모르는 아주 평범한 학생이었다. 영어도, 수학도, 그림도 잘 그리지 못하는, 무엇 하나 내세울 것이 없는 그냥 순박하고 착한 학생이었다. 가정 형편은 어려워 고등학교 졸업할 때까지 김치와 밥, 수제비를 주로 먹고 자랐다. 생리대 살 돈이 없어 흰 천을 매달 빨아서 사용했다. 학교생활과 진해조선소 급사 생활을 동시에 하니 잠잘 시간도 부족했다. 가끔 집안 구석에 신문지에 헝겊을 둘둘 말아 숨겨두고 세탁할 것을 깜빡 잊고 있으면 생리 묻은 데에서 구더기가 스멀스멀 기어 나오기도 했다. 깔끔한 성격의 큰언니가 시집 갈 때까지 같이 연탄불도 들어오지 않는 골방에서 같이 컸는데, 그것을 본 큰언니는 기겁을 한다.

지금 생각하면 큰언니에게 미안한 마음이 든다. 큰언니와 같이 추위에 떨며 서로 부둥켜안고 20년을 살았으니 정이 제일 많이 들었다. 큰언니에게는 무엇이든 건강에 좋은 것이 있으면 택배로 보내는 것이 내 즐거움이다. 그래서 큰언니와 나는 몸이 그렇게 건강하지 못하다. 고기 한 번 제대로 먹지 못하고 컸고, 따뜻한 방에서 잠을 자보지 않아 항상 겨울이 다가오면 남들보다 추위도 더 많이 느껴 사계절 중 겨울이 제일 싫다.

고등학교 3학년을 반장으로 전교 7등으로 졸업하여 경남은행에 당당히 입사했다. 첫 발령지 마산 부림동 지점에서 근무하다 23살에 심사부, 비서실, 검사부에 근무하였고, 26살에 고등학교 국어 선생님을 만나 3번 만나고 결혼했다. 8년 동안 행복한 결혼 생활을 했고, 딸을 낳아 지금 29살이 되었다. 경남은행에 입사하여 15년 동안 7억이라는 돈을 벌었다. 여름휴가 5일 이외는 15년 동안 휴가를 쓰지 않았다. 딸을 낳기 위해 출산예정일 1주일 전에 휴가를 내서 육아 휴직을 2개월 쉬었다. 33살이 되던 해 IMF로 1억을 받고 명예퇴직을 했다. 경남은행이 어렵다며 노조 위원장이 10년 이상 장기 근속자에게 퇴직해줄 것을 독려했다. 나는 1초의 망설임도 없이 남편과 의논 한마디 없이 사직서를 제출했다. 노조위원장도 업무 스트레스로 암으로 돌아가신 것으로 알고 있다. 퇴직을 하고 얼마 뒤 남편이 "같이 살고 싶은 사람이 있다."라며 이혼을 해달라고 했다. 남편은 새벽 4시를 넘겨도 집에 돌아오지 않는 날이 많았다. 딸과 나는 아파트 베란다에 매달려 새벽 5시에 그가 오기만을 기다린 적이 많다. 그들은 학교 선생으로 잘 살아가고 있다. 인생은 단 한 번뿐이기에 그를 그렇게 미워하지는 않는다. 하지만 이혼한 지 20년이 지나도록 그는 딸을 단 한 번도 찾지 않았다. 나는 그와 그의 가족들이 그렇게 잔인한 사람들이라고 생각하지는 않는다. 하지만 시댁 가족들도 딸을 단 한 번도 챙겨봐주지 않았다. 3살까지 키워주신 시어머니, 시아버지 역시도 살아서 딸에게 전화 한 번 해주지 않으셨다.

하지만 돌아가신 시부모님을 원망하지 않는다. 딸을 3살까지 키워주신 고마운 분들이다. 시댁식구들을 원망하지 않는다. 살기가 다 바쁜 것을 이해하기 때문이다. 나 역시도 살기 바빠 나를 돌아볼 시간을 이제 20년이 지나 돌아보게 되었다. 원망한들 지나간 시간들을 되돌릴 수도 없다. 미워한들 어긋난 인연이 잘될 일이 없다. 이제는 비껴간 인연들이다. 하지만 딸과 남편은 천륜이다. 한 번 태어나 한 번 죽는 인생, 살고 싶은 사람과 사는 것이 맞다고 나도 생각한다.

은행을 퇴사하고, 남편과 이혼을 하고, 퇴직금 1억과 내 명의로 된 아파트를 은행 주식에 투자했다가 IMF로 순식간에 모든 재산이 사라졌다. 신용불량자가 되어 살아가게 되었다. 배고픔에 힘들고, 전기 수도가 끊기고 물과 라면으로 끼니를 때워야 했다. 그렇게 어둠과 추위에 떨게 하며 힘든 시간을 딸에게 보내게 했다. 자존감을 무너뜨렸다. 하지만 내 딸은 힘들다고 말한 적이 단 한 번도 없다. 그것을 묵묵히 다 견뎌내고 이겨내주었다.

지금은 29살이 되어 8년 동안 만난 마음 착한 L남자친구도 있다. 2년 동안 서울에서 호텔리어로 일하고 있다. 예쁘고 바르게 커줘서 너무 고맙다. 힘든 시간을 아무 말 없이 잘 견뎌줘서 너무 고맙다. 내가 지금 살아 있는 이유는 내 사랑하는 딸 때문이다.

쌍용자동차 영업 3년을 했었다. 상가 분양 영업 3년을 했었다. 그리고 컨트리 캐디 12년 동안 5억을 벌어 딸을 대학 공부를 시키고 미국 유학을 보냈다. 딸이 대학을 졸업하니 20년 만에 내가 하고 싶은 일을 하고 싶어 강사 자격증 4개를 취득했다. 새벽 4시에 일찍 출근해서 일을 하고, 오후 2시에 일을 마치면 도서관에서 2시간 정도 책을 읽거나 유튜브를 찍었다. 다시 오후 5시에 출근을 해서 저녁 7시에 일을 나가 새벽 1시에 퇴근을 했다. 세계 일주가 버킷리스트라 잠을 자지 않고 일해서 돈을 모았다.

캐나다 여행을 10일 동안 혼자 여행하고 돌아왔다. 상사가 잠을 자지 않고 일하는 나를 보고 "아무리 돈도 좋지만 잠을 자야 한다. 안전이 제일 중요하다."라고 말씀해주셨다. 조금 부끄러운 마음이 들었다. 잠을 자지 않고 그냥 앉았다가 세수하고 다시 화장을 하고 출근 한 적이 많다. 피곤해서 양쪽 신장 콩팥 통증이 심한데도 나는 멈추지 않았다. 과일을 사들고 20곳이 넘는 노인정에 엄마, 아버지가 계신 곳에 찾아가 강연을 했다. 길에서 잔디를 심는 엄마, 아버지 앞에서도, 논에 나가 일하시는 엄마, 아버지 앞에서도 강연을 했다. 양산에서 부산 가는 지하철 안에서도 강연을 했다. 눈물을 흘리시는 어머니나, 물개 박수를 보내주는 50대 중년 신사도 있었다. 감사의 인사를 드린다.

훌륭한 강사가 되기 위해 매주 월요일과 화요일에 휴가를 내어 부산 서면 정보영 스피치 학원을 8개월 동안 다녔다. 스피치를 마치면, 부산 서면 박코치 영어 학원에 4개월을 다녔다. 학원을 마치고 나면, 부산시민공원에 가서 강연을 했다. 양산 집으로 돌아오면 새벽 1시가 되어 있었다. 그렇게 나는 훌륭한 강사가 되기 위해 노력했다. 회사 근처에 가로등이 없는 어두운 강연장이 있다. 오후 10시 정도에 일을 마치면 가로등도 없는 어두컴컴한 곳에서 K강사님의 유튜브를 틀어놓고 돈에 대한 강연 연습을 오후 11시까지 따라 했다. 비가 와서 휴장 하는 날에는 공원 화장실에 가서 유튜브를 찍거나 우산을 두 개 받쳐 들고, 운동하기 위해 왔다 갔다 하시는 엄마, 아버지들에게 마이크를 틀어놓고 강연을 했다. 이 작은 노력들은 어디로 사라지지 않는다. 하나씩 하나씩 던져놓았던 내 노력들이 언젠가는 내 운과 만나 엄청난 기회를 가져올 것이라고 나는 굳게 믿고 있다. 기회는 준비하고 있는 자의 것이 된다. 내가 생각지도 않은 우연한 기회들이 귀한 인연으로 인해 나의 운명을 바꿔주기도 한다.

나는 유튜브 김도사님과 유튜브 〈권마담TV〉 권마담 대표님을 만나 작가로, 1인 창업가로, 강연가로, 메신저로, 동기부여가, 라이프 코칭가로 운명을 바꾸었다. 부산시민공원에서 엄마들에게 강연을 많이 했다. 엄마들의 인생을 들을 기회도 많았다. 남편 없이 환자의 병간호를 20년을 하며 자녀들을 키우신 분들이 많았다. 알뜰하게 평생을 살아 자신의 아파트를 가지고 계시는 분들이 많았다. 정말 열심히 살아오신 것에 대해 응원의 박수를 보낸다. 나는 마산여상 야간고등학교를 나왔지만 열심히 공부해 경남은행 15년을 근무하면서 7억을 벌었고, 고등학교 국어 선생님과 결혼할 수 있었고, 딸을 낳았다. 주식 투자 실패와 이혼으로 엄청난 가난의 고통과 싸워야 했지만 쌍용자동차 영업 3년, 상가 분양 영업 3년, 컨트리 12년으로 5억을 벌어 다시 일어날 수 있었다. 나는 아무 것도 가지지 않은 상태에서 많은 돈을 벌 수 있는 기회를 잡았다. 54년 인생을 살아오면서 내가 느낀 인생의 삶의 원리와 비법은 '세상에 공짜돈은 없다!'라는 것이다. 욕심이 화를 부르고, 지금 현재 내가 가지고 있는 돈을 목숨 걸고 지켜야 한다는 것이다. 이것이 내가 네이버 카페 '한국캐디양성 사관학교'에서 10대, 20, 30대, 40대에게 알려주는 20년을 가난과 싸우면서 깨닫게 된 삶의 원리와 비법의 전부다. 이것만 가슴에 새기고 살아간다면 나처럼 주식 투자로 실패하지 않고, 황금 같은 20년 세월을 낭비하지 않는다.

자신의 인생을 바꾸고 싶다면 010-5019-3548로 연락하기 바란다. 누구나 자신의 운명을 바꿀 수 있다.

3

나의 행복을 절대 남에게 맡기지 마라

가난했거나 힘든 상황에서 크게 성공한 사람들의 스토리는 최고의 동기부여가 된다.
성공스토리를 많이 읽어라. 단기간에 성공할 수 있는 효과적인 비결이다.

– 《기적수업》 구세주 김도사 –

　누구나 행복을 바라고 꿈꾸며 살아간다. 행복이란 정의도 사람이 생각
하는 기준과 가치관에 따라 다르므로 행복의 개념도 다르다. 사람은 개
성이 다르고, 기호품도 다르고 가치의 기준이 다르다. 나는 나의 행복의
기준을 뭐라고 생각할까? 나는 가족들과 건강하게 살아가고 세계 일주
를 하며, 작가로 1인 창업가로서 성공하기를 꿈꾸고, 소녀가장들에게 꿈
과 희망을 펼칠 수 있는 기회를 주는 것을 나의 행복과 가치의 기준으로
삼고 살아가고 있다. 인생은 단 한 번뿐이고, 심장이 미친 듯이 요동치
는 나의 천직을 찾아내야 한다. 내 안의 수만 가지 달란트 중에 5가지 달
란트의 거인을 깨워서 도전하고 실패하기를 반복해야 한다. 그럼으로써

나를 담금질하게 되고, 또 다른 나로 변신해 나다운 삶과 내가 꿈꾸는 꿈 너머의 꿈을, 찬란한 미래를 만들어갈 수 있는 것이다. 누가 대신 살아줄 수도, 대신 살아갈 수도 없는 단 한 번뿐인 우리의 인생을 어떻게 살아갈 것인가를 고민해야 한다. 그리고 중요한 것은 나의 행복을 절대 남에게 맡기지 말아야 한다는 것이다.

나는 인생의 중요한 결정을 내릴 때 결혼하여 남편이 있었지만 나 스스로 1초의 망설임도 없이 퇴직금 1억을 받고 IMF로 어려운 경남은행을 위해 퇴사했다. 주식 투자에 퇴직금 1억과 내 명의의 아파트를 주식에 올인하여, IMF로 주식 시장이 공황 상태가 되어 18,000원 하던 주식이 급락하여 주식 투자에 실패해 20년의 세월 동안 눈물 젖은 빵을 먹어야만 했다. 결혼도 3번 만난 날 "달셋방부터 살 수 있느냐?"라는 남편의 말에 1초의 망설임도 없이 "네"라고 대답하고 남편이 결혼 날짜를 잡아둔 1991년 4월 21일 족두리 쓰고 구식으로 마산 문화원에서 결혼식을 올렸다. 남편과 이혼할 때 딸의 양육비를 단 한 푼도 받지 않았다. 내 몸이 건강하고 그 사람의 돈을 받아 딸을 키우고 싶지 않았다. 그는 이혼하는 날 내게 이렇게 얘기했다. "잘 못 키우면 딸을 데리러 오겠다." 그는 내 나이 33살에 이혼해서 딸에게 20년 동안 단 한 번도 전화를 한 적도, 만난 적도 없다. 이혼한 당일 나는 장미 100송이로 만든 꽃바구니를 학교로 보냈다. 8년을 나와 살아준 사람이기에 감사하게 생각했다. 비록 그는 행복을 찾아 떠났지만 딸의 아빠이기도 하다. 그들은 잘 살아가고 있다. 그들의 행복을 내가 어찌할 수는 없는 것이다. 인생은 단 한 번뿐이기에 그들의 선택을 존중할 뿐이다. 다 복은 복대로 받고 죄는 죄대로 하늘에서 받는다.

컨트리 캐디로 12년을 일하면서 8년 동안 2시간 이상 안 자고 매일 2번 일하는 '투'를 했다. 잠이 들면 일어나지 못할까 봐 세수를 하고 그냥 앉아서 2시간 잠시 눈을 감고 있다가 화장을 하고 출근을 했다. 8년 동안 1년에 딱 5일 엄마 제사 맞춰 휴가를 냈다. 가족들이 모이는 7월 7일 엄마 제사가 끝나면 병원에 3일 정도 수액을 맞았다. 1년 동안 쉬지 못한 잠자지 못한 피로가 밀려와 나는 거의 실신한 상태로 4일을 보내다가 다시 정신을 차리고 또 반복해서 일을 했다. 누가 시켜서 한 것이 아니다.

단지 딸을 대학 공부를 시켜야 하고, 미국 유학을 보내야 하는 인생의 목표가 있었기 때문에 딸도 나도 열심히 달려야만 했다. 8남매 중 가장 돈 없는 내가 딸을 미국 유학을 보냈다. 내 인생에서 가장 잘한 것은 딸을 미국 유학을 보낸 것이다. 딸이 좀 더 높고, 더 멀리 세상을 내다보고 살았으면 하는 바람이 있다. 내 딸의 자식들은 외국에서 꿈을 펼치며 살기를 바란다. 내 딸 역시도 한국이 아닌 외국에서 직장 생활도 하며 단 한 번뿐인 인생을 빛나는 미래로 장식해나가기를 바라는 마음 간절하다.

나는 유튜버로, 1인 창업가로 연봉 10억, 30억씩 돈을 벌어 100억의 재산을 모은다면 호주나 캐나다로 이민을 갈 생각이다. 단 한 번뿐인 인생이기에 55년 한국에서 살았으니 남은 인생은 또 다른 나라에서 살아보는 것이 희망이다. 나는 딸에게 유언을 했다. 내가 죽으면 내 육신을 다 기증을 하고, 남은 뼈 가루는 캐나다 바다에 뿌려달라고 했다. 나는 80세까지 세계 일주를 멈추지 않을 것이다. 돈 벌어 집 사고, 상가 사고, 땅 사고 하면 좋겠지만 나는 이제 세계 일주하며 세상 구경하면서 맛있는 것 먹고 살아가는 것이 더 행복하다고 생각한다.

2019년 작년 추석에 딸 5명 중 4명이 경주 한화 콘도에 모였다. 딸 5명은 명절에 1년에 2번 모여 그동안의 이야기보따리를 푼다. 중국에 있는 여동생은 사정이 여의치 않아 내려오지 못했다. 다들 얼굴이 좋아 보였다. 큰언니는 두 딸을 혼자의 힘으로 대학 공부를 시키고 국어 선생님과 은행원으로 훌륭히 키워냈다. 오빠는 10억 상가가 있고, 올케언니와 식당을 크게 하고 있다. 작은언니는 대기업 상무님 부인으로 화가이다. 딸은 서울대 박사 과정에 제약회사에 입사했다. 남동생은 고려대를 나와 제철회사 연구팀 팀장이고, 그 밑에 남동생은 10억 상가를 샀다. 막내 여동생은 부동산을 공부하여 아파트 이사 몇 번으로 6억 아파트에 입성했고, 대기업 지점장 부인이다. 다들 무일푼으로 자수성가한 사람들이다. 내 책이 출판되면 〈아침마당〉에 가족을 데리고 나가고 싶고, 〈세바시〉에 나의 인생 이야기를 들려주고 싶다. 딸 모임은 항상 내 얘기로 귀결된다. 강사 자격증은 4개 취득했지만 유능한 사람들이 많은데 밥을 먹고살 수 있겠느냐고 내게 반문한다. 차라리 공무원 시험을 치거나 미용 기술을 배우라고 한다. 나는 언니와 동생에게 이야기 했다. "나는 강연료를 천만 원을 받는 훌륭한 강사가 될 거야!" 아무도 내 말을 믿는 사람은 없었다. "또 소 귀에 경 읽기"라고 큰언니가 말했다. 새벽 4시가 넘도록 나를 설득했지만 나는 좀처럼 생각을 굽히지 않았다.

오늘 새벽 5시에 깨어나 구세주 김도사님의 유튜브 영상을 보았다. 도사님께서 가장 어려울 때 신문사를 퇴사하면서 회식하는 자리에서 하신 말씀을 감명 깊게 들었다. 도사님께서 걱정하는 직원들에게 하신 말씀이다. "나는 걱정하지 않는다. 10년 후 나는 1년에 30억을 버는 작가, 강연가가 되어 있을 것이다. 나는 단지 금은보화가 들어 있는 금고의 열쇠를 찾고 있는 중이다." 나는 이 영상을 보면서 나의 금은보화가 들어 있는 상자의 열쇠를 찾았다. 1년에 10억을 버는 금은보화의 금고의 열쇠를 발견한 것이다. 처음은 보잘것없을 수도 있다. 하지만 그 믿음으로 확신을 가지고, 80세까지 도전하고 부딪히고 내가 가고자 하는 꿈과 야망을 위해 달려간다면 구세주 김도사님의 말씀대로 그렇게 살아가고 있을 것이라는 확신을 가지게 되었다. 나는 2020년 5월 10일을 목표로 원고 초고 탈고와 출판사 계약을 목표로 하고 있다. 그리고 1인 창업 네이버 카폐 '한국캐디양성사관학교'를 오픈해서 내 인생 2막을 열어갈 것이다. 이제 36년의 직장 생활 노하우와 54년 살아낸 저력으로 나의 행복을 절대 남에게 맡기지 않고 빛나는 미래를 열어갈 것이다.

오늘은 오랜만에 하루 종일 비가 내리고 있다. 논과 밭의 과일 나무들이 이 비를 흠뻑 맞고 해갈이 된다고 생각하니 내 마음이 더 행복하다. 비가 내리면 가끔 전 남편이 생각이 날 때도 있다. 행복했던 순간들, 딸이 태어나 시댁 시어머니, 시아버지와 4년 동안 주말을 보냈던 즐거웠던 순간들이 새록새록 기억이 살아난다. 이혼한 지 20년이란 세월이 지났지만 오늘처럼 비가 오는 날에는 차 안에 음악을 틀어놓고, 몸을 좌우로 흔들어보기도 하고, 내가 아는 노래들을 부르며 눈물을 흘리기도 한다. 세월이란 유수와 같다. 벌써 헤어져 산 지 20년이란 세월이 흘렀다. 잘 살고 있겠지? 전남편 아들 사진이 카톡에 있어 아들 얼굴을 볼 수 있었다. 잘 살고 있으니 그러면 된 것이다.

우리는 각자가 바라는 행복을 찾아 떠나는 여행자들이다. 각자 자기 마음속에 꿈꾸고 있는 행복을 찾아 아무리 먼 길이어도 마다하지 않고 돌부리에 걸려 넘어져도 다시 일어나 행복을 찾아 뚜벅뚜벅 걸어가고 있다. 남들과는 행복의 기준이 다르다. 색깔도 맛도 생김새도 다른 나만의 행복을 찾아 떠나고 있는 것이다. 그래서 가끔 나의 행복과 동행하기도 하고, 마음이 맞지 않아 토라지기도 한다. 하지만 언제나 같이 가야 할 동반자다.

우리의 인생은 그래도 살 만한 것이다. 사랑하는 사람을 만나 행복한 순간을 같이 만들어가고, 슬픔에 빠지기도 하고, 실패해서 어둠의 늪에서 헤매기도 한다. 그래도 힘을 내어 굳건한 의지로 다시 일어나 내일을 꿈꾸기에 오늘도 용기를 내어 살아갈 수 있는 것이다.

얼마 전 내가 좋아하는 K사모님 부부와 라운딩을 했다. 12년 동안 아내를 사랑하는 눈빛으로 바라보며 항상 응원하는 남편의 모습을 보았다. 시골에 살 때 더덕 캐던 얘기를 해주며 껄껄 웃으시는 부부의 다정한 모습을 보면서 참 귀한 인연이 부럽다는 생각을 했다. 하늘이 맺어준 인연은 아무것도 하지 않아도 예뻐 보이는 것이다.

4

내 삶의 주인공은 바로 나 자신이다

직장은 꿈을 이룰 수 있는 최고의 환경이다. 출근 전, 퇴근 후 2시간 동안
부단한 자기 계발, 즉 책을 읽고 책을 써서 인생 2막을 위한 준비를 하라.

– 《기적수업》 구세주 김도사 –

3년 전 큰형부가 갑자기 돌아가셨다. 큰형부는 언니 나이 33살에 직
업 군인을 그만두고, 전역했다. 여러 가지 일을 해보았지만 잘되지 않았
다. 큰형부는 해군에서 교관이었다. 서울 사람이라 핸섬한 얼굴에 매너
가 있는 사람이었다. 3년 전 추석날 형부는 돌아가셨다. 나는 큰형부 빈
소인 진해에 있는 병원 장례식장에 갔다가 오는 길에 고속도로에서 교통
사고가 났다. 100Km로 달리던 내 차가 뒤에 달려오는 차를 발견하지 못
하고, 1차선으로 들어가다가 사고가 났다. 코란도 밴이 아니었다면 다쳤
을지도 모른다. 상대방 차 수리비가 150만 원이 나오고, 운전자는 다행히
다치지 않았다. 천만다행이었다.

2019년 9월 21일 그날은 비가 많이 왔다. 그동안 미국 여행을 가기 위해 7일씩, 3일씩 잠을 자지 않고 일을 했다. 2020년 1월과 2월엔 돈을 모아 미국과 프랑스를 구경하고 올 생각이었다. 하지만 양 옆구리 콩팥에 통증이 심했다. 잠을 자지 않고 앉아 있다가 출근을 하니 피곤해서 몸에서 자꾸 신호를 보냈다. 콩팥이 아파 병원 치료를 위해 3일 휴가를 냈다. 양산 집으로 가는 도중 갑자기 타이어 펑크가 났다. 비가 많이 내리고 있었다. 현대해상을 불렀다. 30분 뒤에 기사님이 오셨다. 내가 몸이 안 좋은 상태에서 비가 오고 있어 새 타이어로 바꾸는 기사님을 우산으로 받쳐주어야 했다. 목감기가 오면서 한기가 들었다. 타이어를 갈고 난 뒤 기사님이 내게 말했다. "자형 상가 집에 갔다 오는 길이다." 순간 나는 기분이 좋지 않았다. 3년 전에 큰형부 상가에 다녀오는 길에 교통사고가 났다. 그래서 나는 액땜을 하려는 마음에 기사님께 수고하셨다고 말하고 안 주어도 될 출동비 3만 원을 드렸다. 아무 일 없이 하루가 지나가기를 바랐다. 그런데 양산 집에 가까워올 때쯤 60대 부부가 나의 차를 받아 고속도로에서 내 차가 3바퀴 정도 나뒹굴었다.

그때 나는 생각했다. '이렇게 사람이 죽는구나.' 엄마, 아버지가 떠올랐다. "엄마, 나 좀 살려줘! 나 아직 살고 싶은 인생 못 살아봤어! 딸도 아직 결혼도 안 했단 말이야! 제발 살려줘!" 나는 죽을힘을 다해 핸들을 잡고 있었다. 그리고 나는 119에 실려 응급실로 이송되었다. 차는 형체를 알아볼 수 없을 만큼 파손되어 폐차되었다. 목이 심하게 비틀어지고, 온몸이 만신창이가 되었다. 1개월 동안 병원에 입원해서 치료를 받았고, 5개월 동안 한의원을 다니며 추나로 목을 교정하고, 레이저로 통증을 완화하고, 부항으로 피를 빼며 치료를 했다. 하나님께서 나에게 2번의 황금골든 티켓을 주셨다. 내가 죽었다면 어떻게 되었을까? 그리고 내 딸의 운명은 또 어떻게 되었을까? 생각만 해도 끔찍하다. 처음에는 사고를 낸 60대 중년 남자를 원망했다. 차 보상금이 250만 원이고, 합의금으로 300만 원을 받았다. 그것으로 다시 산 코란도 중고차 대금을 주고 나면 돈이 없었다. 6개월 동안 한 달에 300만 원을 버는 돈이 공중에 사라져버렸다. 중고차 수리비 100만 원과 2,000만 원이라는 평소 수입이 사라졌다. 하지만 불행은 또 다른 얼굴을 하고 나타나는 행운이라는 것을 시간이 지난 뒤에 알게 되었다.

어느 날 우연히 유튜브에 김도사님 영상을 보게 되었다. 책 쓰기 1일 특강을 한다는 것이다. 나는 딸에게 그날 서울 가는 비행기 표를 끊어달라고 했다. 2020년 1월 19일 분당에 있는 〈한책협〉에 1일 책 쓰기 특강을 들었다. 많은 사람들이 나처럼 김도사님의 유튜브를 보고 책 쓰기 1일 특강을 들으러 왔다. 6주 책 쓰기 수강료는 천만 원이 넘는 수강료였다. 나는 교통사고로 6개월 동안 돈을 벌지 못해 수중에 돈이 없었다. 그날 1:1 상담이 있었다. 책 쓰기 6주 과정에 천만 원이 넘는 수강료가 칠판에 적혀 있었다. 100만 원이 아니고 0이 하나 더 있었다. 하지만 특강을 들으러 온 사람들이 하나둘씩 6주 과정을 신청하고 있었다. 나는 돈이 없어도 돈에 별로 신경을 쓰지 않는 편이다. 도사님과 면담을 하면서 현재는 돈이 없다고 나의 사정을 말씀 드렸다. 도사님의 선처로 6주 과정을 무사히 마치고, 1인 창업 과정 수업도 받았다. 네이버 카페 제작 신청을 해놓아 도사님께서 멋지게 나의 회사를 만들어주실 예정이다. 카페 활용법 강의도 들었고, 권마담 대표님의 책 출판 홍보 마케팅 수업을 들었다. 책 사인 디자인 제작을 신청했으며, 강연에 사용할 PPT 자료를 신청하여 포민정 코치님께서 멋진 강연을 위해 자료를 만들어주실 예정이다. 돈을 모아 5월에는 유튜브 과정과 강연 과정, 블로그 마케팅 과정을 배울 생각이다. 유튜브 과정과 강연 과정은 내 운명을 바꿀 중요한 배움이라 빠른 시일 내 수업을 마칠 생각이다.

나는 유튜브 김도사님을 만나 한 달 만에 작가가 되었다. 작가가 되어 자신을 브랜딩하고 부의 파이프라인을 만들어 강연가, 1인 창업가, 메신저, 동기부여가, 라이프 코칭가가 되었다. 7개월이 지난 이 시점에 사고를 낸 60대 중년 남자 분에게 큰절을 해야 할 상황이다. 사고가 난 다음 날 그분에게 전화를 했다. 사고로 몇 달 동안 일을 못 하니 차 중고 구입비 300만 원을 부담해주셨으면 한다고 부탁을 드렸다. 그분은 나에게 미안하다는 사과 한마디 없이 "현대해상에서 알아서 할 겁니다."라고 말하고 전화를 끊었다. 시간이 지난 뒤에 그분이 내 운명을 바꿔준 계기가 되었다. 그 사람 때문에 김도사님을 만나게 되었고, 나는 작가로 1인 창업가로 운명을 바꾸게 되었다. 그동안 나는 33살에 이혼하고, 주식 투자를 실패하여 가난 속에서 허덕이며 20년의 세월을 낭비하며 살아왔는데 이제야 가족들에게 다시 일어나 당당하게 살아가는 모습을 보여줄 수 있어 얼마나 다행인지 모른다. 〈한책협〉 구세주 김도사님과 유튜브 〈권마담 TV〉 권마담 대표님으로 인해 운명을 바꾸게 되었다. 차후에 1인 창업으로 성공하면 인생의 마지막 기회를 주시고 딸의 인생까지 바꿔주신 김도사님과 권마담 대표님께 은혜를 갚고 싶다. 나는 김도사님으로 인해 하루하루 점점 조금씩 나아지고 있다.

컨트리 캐디로 12년을 다니는 동안 천사 동생과 라운딩을 가끔 했다. 일이 끝나면 둘이서 드라이버 연습을 비가 와도 1시간 정도 했다. 우리에겐 거리를 조금 더 내보겠다는 열정이 있었다. 멧돼지가 나오는 밤에도 잘못하면 멧돼지의 습격을 당할 수 있는데도 골프 연습을 했다. 그때는 골프에 대한 강한 열정이 있었다. 나는 컨트리에 입사하기 전 1년 동안 부산 화명동 골프 연습장에서 365일 단 하루도 빠지지 않고 골프 연습을 했다. 그 연습한 것을 가지고 이력서를 들고 컨트리에 찾아가 면접을 보고 캐디 교육 2개월을 마치고 43세에 캐디가 된 것이었다. 그리고 55세에 네이버 카페 '한국캐디양성사관학교'를 오픈해 1인 창업가가 되었다. 12년의 캐디 생활의 노하우로 10년 일하면 5억을 벌 수 있는 비법을 10대, 20대, 30대, 40대에게 알려주어 그들의 인생을 바꿔주고 싶다.

그리고 54년을 살아오는 동안 36년의 직장 생활의 경험과 삶의 원리와 비법들을 젊은이들에게 알려주어 나처럼 20년의 귀한 시간을 낭비하지 않고 살아가게 해주고 싶다. 내 삶의 주인공은 나 자신이다. 우리는 언제 죽을지 모른다. 전 세계가 코로나로 엄청난 사람이 죽어가고 있다. 내가 진정으로 원하는 삶이 무엇인지 진지하게 고민해보아야 한다.

나는 영화배우 K 씨의 교통사고 죽음으로 인해 인생관이 바뀌었다. 사람은 언제 죽을지 모르기에 내가 하고 싶은 것, 내가 먹고 싶은 것, 입고 싶은 것, 내가 가고 곳에 가야 한다. 나는 서면에 있는 박코치 영어 학원에 4개월 동안 매주 월요일, 화요일 휴가를 내어 다녔다.

2018년 1월에 혼자 10일 동안 캐나다 여행을 다녀왔다. 입국심사는 뒤에 서있는 한국 남자분에게 통역을 부탁했다. 입국 심사 질문은 "직업이 무엇이냐? 가지고 있는 돈은 얼마인가? 여행은 차로 하는가?"였다. 나는 차례로 말해주고, 뒷사람은 영어로 내 대신 입국심사를 받았다. 뒤에 분이 통역을 해주면서 나를 바라보는 눈빛은 영어도 못하면서 캐나다는 왜 왔느냐 하는 표정이었다. 하지만 나는 당당하게 고맙다고 인사를 했다.

캐나다에 도착하니 눈이 와서 무릎 중간까지 눈이 쌓여 있었다. 골목이 많아 오후 8시에 캐나다 공항에 도착했는데 밤 12시가 되어서야 딸에게 카카오톡을 해서 체크인을 할 수 있었다. 딸이 캐나다 여행 명소를 20곳 정도를 A4용지로 뽑아주었다. 나이아가라 폭포도 예약해주고, 박물관, 미술관, 대학교, 시청, 백화점 등 다양한 곳을 구경할 수 있었다. 미술관은 처음이었다. 영어를 할 줄 몰라 한참을 헤매다가 소지품과 옷을 다 두고 입장을 했다. 다른 외국인들은 기념사진을 찍는데, 나는 간이 작아 기념사진 한 장은 남겨야 했는데 경찰관이 많아 사진 한 장 찍지 못했다. 10시간 비행기 타고 갔는데 미술관 기념사진 한 장 못 남기고 돌아왔다.

영하 1도가 넘는 강추위다. 핸드폰이 꽁꽁 얼었다. 백화점에 가서 딸에게 줄 선물과 딸 남자친구에게 줄 운동복을 샀다. 나에게 반팔 티와 모자를 선물했다. 다음 날 딸이 예약해준 나이아가라 폭포를 구경하기 위해 터미널로 갔다. 한 시간을 버스를 타고 가서 다시 나이아가라 폭포가 있는 곳까지 들어가는 버스로 갈아타고 30분 정도 더 들어가 폭포가 있는 곳까지 갈 수 있었다. 가는 도중 한국에서 온 30대 남자를 만났다. 3일 휴가를 냈는데 하루는 눈이 와서 비행기가 뜨지 않아 내일 다시 한국으로 돌아간다고 했다. 영어를 잘해서 다시 돌아가는 길을 걱정하지 않아도 되니 좋았다. 나이아가라 폭포의 웅장함을 보았다. 폭포의 아름다움을 가까이서 지켜볼 수 있었다. 30분 정도 구경하고 시내로 돌아와 저녁이라도 대접하고 싶었는데 영어 한마디 못하는 내가 피곤했는지 도망가듯 사라져버렸다. 다음에는 영어 공부 좀 하고 와야지 하는 생각을 했다.

비행기 안에서는 센스 톡으로 승무원들에게 감사함을 표현했다. 캐나다 항공의 승무원 중에는 50대를 훌쩍 넘은 남자분과 여자분이 계셨다. 친절함에 감사하다고 영어로 메모지에 적어 보여주었다. 한국으로 돌아가는 비행기 표를 끊으면서 "혼자 여행하는 것이 대단하다."라고 캐나다 항공 카운트에 근무하는 한국 남자 직원이 말해주었다. 그 말 한마디가 많은 용기를 주었고 즐거운 여행이 되었다.

5

인생에서 가장 소중한 지금, 이 순간

사람은 자석과 같다. 주변에 어떤 사람들이 있는지를 살펴보면 자신의
생각과 감정을 알 수 있다. 어떤 생각과 감정을 가지느냐에 따라 인생이 달라진다.

– 《기적수업》 구세주 김도사 –

3번의 교통사고를 넘기고, 지금 이 자리에 앉아 책을 쓰고 있다. 교통
사고를 당해 몸을 치료하기 위해 6개월을 쉬는 동안 유튜브로 김도사님
을 만나 책을 쓰고, 1인 창업가가 되었다. 불행이라고 생각한 그 불행이,
불행이 아니라 나의 운명을 바꾸는 인생의 전환점이 된 것이다. 교통사
고가 나의 운명을 바꾸는, 완전히 다른 삶으로 살아가게 하는 영화에서
나 볼 수 있는 새로운 인생 여행의 시작점이 된 것이다. 나는 유튜브로
김도사님을 만나 1일 책 쓰기 특강을 듣고, 책 쓰기 6주 과정을 마치고
네이버 카페에 '한국캐디양성사관학교'를 세웠다. 교통사고가 나서 몸을
치료하고 있던 내가 김도사님과의 만남으로 인해, 귀인과의 만남으로 인

해 54년 인생을 다 버리고 새로운 인생과 새로운 운명으로 80세까지 살아갈 수 있게 되었다.

2019년 9월 21일 교통사고로 차를 폐차하고 몸이 만신창이가 되었을 때 우리 엄마, 아버지가 나를 살려주셨다고 생각을 했었다. 하지만 시간이 지나고 하나님께서 구세주 김도사님을 만나 책을 쓰고 1인 창업가가 되어 대한민국 젊은이들에게 메신저, 동기부여가, 강연가, 라이프 코칭가가 되어 살아가라는 천직을 알려주시기 위해 나에게 황금골든 티켓을 3번이나 주신 것을 깨닫게 되었다. 내가 그 자리에서 죽었다면 하나님께서 준비하신 천직을 실행해보지도 못하고 생을 마감할 뻔했다. 그래서 나는 대한민국 10대, 20대, 30대, 40대에게 물어보고 싶다. 지금 당장 죽는다면 무엇을 할 것인가? 내가 가장 심장 떨리는 삶이란 무엇인가? 이 문제에 대해 생각하며 살아가라고 말하고 싶다.

우리는 언젠가는 마감할 삶의 종착지를 향해 하루하루 달려가고 있다는 것을 망각하고 살아간다. 오랫동안 건강하게 인생을 살아갈 것이라는 착각 속에 삶을 살아가고 있다. 우리의 인생은 유한하다. 자신이 원하는 버킷리스트 10가지를 적어 그것을 지금 당장 실천하며 살아가는 것이 내 삶의 주인공으로서 삶을 창조하는 것이다. 우리는 우리의 인생을 조각하는 조각가이자 예술가이다. 징과 망치를 들어 완성되지 않은 우리의 인생 작품을 완성하는 과정에 있다. 내 미래의 빛나는 삶의 초상을 내 스스로 창조하고 만들어나가야 한다. 그렇게 해서 인생의 완성품이 완성되는 것이다.

우리는 어떻게 살아가야 하는지를 많이 생각하게 된다. 내가 하고 싶은 일들, 할 수 있는 일들을 생각하며 알찬 인생을 꾸려나가야 한다. 먼저 목표를 명확히 설정하는 것이 중요하다. 그리고 일단 시작하는 것이 중요하다. 시작이 반이라는 말이 있다. 이미 시작했다면 벌써 반을 해놓았고 힘들이지 않고 자신이 원하는 꿈을 이루어나갈 수 있다. 처음은 힘이 들지만 지렛대 효과로 반복되는 힘에 의해 쉽게 모든 것을 성취할 수 있는 힘이 생기는 것이다.

〈한책협〉 김도사님께 3개월만 인생을 맡겨보라! 나를 다시 개조해서 지금까지 살아온 인생을 접고, 새로운 나로 태어나 지금까지의 삶과는 완전히 다른 나로 살아가게 되었다. 나는 〈한책협〉 김도사님을 만나 작가, 강연가, 메신저, 동기부여가, 라이프 코칭가로 인생 2막을 열어 살아가고 있다. 그것은 불과 3개월 만에 일어난, 내 인생 54년의 기적이다. 〈한책협〉에서는 매일매일 작가들이 출판사와 계약을 하고 있다. 김도사님은 240권의 책을 출판하시고 1,000명의 작가를 배출하셨다. 〈한책협〉 김도사님은 기적의 미다스의 손이다.

이처럼 김도사님을 만나 인생을 작가로, 1인 창업가로 인생을 바꾸었 듯이 전문가에게 자신의 인생을 완전히 바꿀 수 있다면 고가의 수업료를 지불하더라도 그것을 배워야 한다.

나는 작가로, 1인 창업가로 인생을 바꾸었다. 1년에 10억을 벌 수 있는 부의 수입의 파이프 라인을 만들었다. 나는 〈한책협〉 김도사님으로 인해 100억 부자의 대열에 낄 수 있게 되었다. 내 나이 55세에 인생에서 가장 소중한 지금, 이 순간 행복한 삶을 살아가고 있다. 김도사님을 만나 돈보 다 시간이 중요함을 알게 되었다. 돈보다 중요한 것이 시간이다. 돈으로 시간을 살 수는 있지만 시간이 없으면 돈을 벌 수 없다. 돈보다 중요한 것이 시간임을 명심해야 한다.

나는 경남은행을 퇴직하면서 받은 퇴직금 1억과 내 명의로 된 아파트 를 주식 투자로 실패하여 20년을 딸과 함께 가난 속에서 배고픔에 허덕 이며 살아왔었다. 이제 20년이 지난 지금 젊은이들에게 '세상에 공짜 돈 이 없다'는 것을 강연하고, 메신저로 살아갈 것이다. 이 말은 내가 54년 을 살면서 뼛속 깊이 깨달은 사실이다. 젊은이들에게 나와 같은 전철을 밟게 하고 싶지 않다.

나는 아파트 분양 프리미엄 금액이 통장에 입금된 5천만 원보다 더 많은 욕심을 내어 1초 만에 7천만 원을 날린 사람이다. 돈이 입금되어도 그 것을 지키지도 못한 사람이었다. 돈의 그릇, 부자의 그릇이 작아 나에게 주어진 돈을 지키지 못했다. 욕심이 화를 부르고, 현재 내가 가지고 있는 돈을 목숨 걸고 지켜야 20년의 귀한 내 인생을 낭비하지 않는다는 것이 내가 이 책을 쓰는 이유고, 천직이고 사명이다. 그 어느 때보다 지금 이 순간이 가장 소중한 때라는 것을 우리는 알아야 한다.

우리는 매일 한 발자국 씩 앞으로 나아가야 한다. 아무리 가진 것이 없 고, 힘들더라도 의식적으로 한발을 앞으로 내디딜 필요가 있다. 어제보 다는 나은 사람이 되도록 노력해야 한다. 자신의 꿈을 향해 한 걸음만 더 내딛어보자. 잠들기 전에 꿈을 이룬 나의 모습을 상상하며 상상이 구체 화되면 확신으로 바뀐다. 매일 밤 잠들기 전에 꿈을 이룬 나의 모습을 상 상하며 잠을 청하자. 시간이 지나면 그것이 현실이 되어 있다.

나는 〈한책협〉 김도사님을 만나 작가, 1인 창업가가 되었다. 지금이 내 인생에서 가장 소중하고 이 순간이 가장 행복하다. 이 마음의 열정을 10 대, 20대, 30대, 40대에게 나눠주고 싶다. 나의 메시지를 심어주고 싶 다. 그래서 누구나 10년만 일하면 5억을 벌 수 있는 비법을 알려주고 싶 다. 그리고 자신의 천직을 깨닫게 해주고 싶다. 사람들은 살면서 '실패하 면 어떻게 하지?'라고 고민한다. 실패 뒤의 모습은 실패하고 나서 걱정해도 늦지 않다. 꿈을 향해 달려갈 때는 성공한 나의 미래의 모습만 그리자! 꿈을 이루고 싶다면 눈앞에 있는 것에 현혹되지 말고 멀리 내다볼 줄아는 거시적인 안목을 가져야 한다. 하루하루 조금씩 나아지고 발전해가는 나의 모습에 감사하며 꿈 너머의 꿈을 꾸는 내가 되어야 한다.

딸도 대학 공부를 다 마치고, 2년째 호텔리어로 일하고 있다. 자신의 적성에 안 맞는다고 항상 이야기한다. 나는 36년의 직장 생활을 하면서 단 한 번도 내 직업이 나와 맞지 않는다고 생각해본 적이 없다. 딸과 나의 차이는 적응력에 있다고 본다. 나는 항상 내가 있는 이 자리에서 내가 무엇을 해야 할 것인지 집중하는 삶의 방식이 있었기에 나와 맞다, 안 맞다의 기준이 아닌 내가 지금 무엇을 해야 할 것인가에 정신을 쏟았다. 이제는 내가 가장 하고 싶은 일, 내가 이 세상에 사명감을 가지고 살아가야 할 천직이 무엇인가를 3번의 교통사고로 인해 알게 되었다. 54년 살아낸 내 인생 이야기와, 세상에 공짜 돈이 없다는 메시지로 80세까지 라이프 코칭가로 살아갈 것이다.

교통사고로 몸을 치료하고 있던 중 유튜브 김도사님을 만나 작가가 되고, 강연가, 1인 창업가, 메신저, 동기부여가, 라이프 코칭가가 되어 네이버 카페 '한국캐디양성사관학교'를 오픈하여 1인 창업가로서 활발하게 내 천직에 충실하며 살아가고 있다. 지금 이것이 얼마나 소중하고 귀한 삶인지 절실히 느끼고 있다. 마음만 먹으면 세계 일주를 떠날 수 있고, 마음만 먹으면 뭐든지 시도하고, 도전할 수 있는 시간이 주어졌음에 너무나 감사하다. 55세라는 지금의 내 나이는 참 행복한 나이다. 딸도 다 키웠으니 나의 도움이 전혀 필요하지 않고, 둘이 돈을 모아 결혼도 하고, 집도 산다고 하니 이제 내 인생만 챙기면 된다. 이 여유로운 지금 이 순간이 너무 귀하고 행복하다. 나의 행복을 절대 남에게 맡기지 마라! 행복은 남이 가져다주는 것이 아니라 내가 창조하고 만들어가는 것이다.

오늘은 가족처럼 생각하는 J사모님께서 카카오톡으로 문자를 주셨다. "잘 지내니?" 사모님은 친척이 블루베리를 직접 키우신다며 해마다 블루베리즙을 컨트리 카운트에 한 박스를 두고 가신다. 회사 동료들과 몸에 좋고, 눈에 좋은 블루베리즙을 나눠 먹는다. 가족처럼 챙겨주시는 J사모님께 나는 과일 한 박스를 집으로 보내고 감사함을 표한다. 오늘은 12년 동안 가족처럼 생각하는 H사장님과 R사장님 부부 팀과 라운딩을 나갔다. 마음 따뜻하고 상대방을 먼저 배려해주시는, 편안하게 라운딩을 하시는 분들이라 캐디로서 할 것이 없는 팀이다. 팁을 안 주셔도 되는데 돌아가면서 만 원씩 주고 가신다. "그냥 마음이야 받아줘." 거의 모든 고객님이 내게 하시는 말씀이다. 안 보면 보고 싶은 K사모님을 어제 만났다. 우리는 만나면 포옹을 하는 사이다. 12년째 가족처럼 생각하며 살아가는 고객이다. 그래도 12년의 캐디 생활을 따뜻한 마음으로 마감할 수 있어 좋다. 책이 출판되어 〈아침마당〉에 나가 나의 컨트리 12년을 돌아보며 인터뷰를 하는 시간이 오면 가족처럼 지낸 J사모님, K사모님, C사모님, H회장님, B회장님, B회장님 사모님께 감사 인사를 드리고 싶다. 12년 동안 가족처럼 챙겨주신 분들이다. 그분들의 따뜻한 배려가 있어 12년 동안 아무 사고 없이 즐거운 마음으로 컨트리 보조원으로서 즐거운 시간을 보낼 수 있었다. 생각만 해도 눈물이 난다. 이제는 더 큰 나의 꿈, 나의 야망, 나의 행복을 위해 컨트리와 인연의 끈을 놓아야 할 때가 왔다. 이 이별은 슬픔이 아니다. 나의 천직에 대한 사명과 꿈을 향한 것이다. 나는 1인 창업가 네이버 카페 '한국캐디양성사관학교' 총장이 되었다. 나의 인생의 날개를 펼칠 때가 지금 이 순간 여기에 있다.

6

마지막에 웃는 사람이 되라

인생을 바꾸기 위해서는 반드시 의식의 변화가 있어야 한다. 과거와 같은
의식으로는 절대 인생이 변하지 않는다. 모든 것은 의식에서 창조되기 때문이다.

– 《기적수업》 구세주 김도사 –

나는 33살에 남편과 이혼했다. 그리고 15년 다닌 경남은행에 명예퇴직
하면서 받은 퇴직금 1억과 내 명의로 된 아파트를 주식에 투자해 실패했
다. 신용불량자로 가난과 고통의 20년의 세월을 딸과 함께 견뎌왔다. 돌
이켜보면 남편과 이혼한 것이, 주식 투자로 실패하여 신용불량자로 힘든
시간을 견뎌온 것이, 내 속에 5가지 달란트를 꺼내어 거인을 깨워 살아
갈 수 있는 계기가 되었다. 나는 쌍용자동차 영업 3년을 해서 월 5대를
팔고, 어떨 때는 월 10대를 출고하기도 했다. 그래서 직원 10명 중 여자
인 나 혼자 평택에 있는 쌍용자동차 연수원에 가서 연수를 받고 왔다. 어
느 정도 영업에 자신감이 생기자 상가 분양 영업 시장에 뛰어들어 아침 8

시부터 밤 11시 반까지 3년 동안 열심히 전단지와 명함을 부산, 김해, 양산, 울산, 마산, 창원, 진해 아파트 분양하는 곳과 기업체 사장님께 직접 찾아가 상담해드리고 전달해드려 20억을 2번을 계약해 분양 수수료로 1억을 벌었다. 상가 분양 전문인이 되기 위해 부산 동의대 부동산 최고 과정 6개월 과정을 단 하루도 빠지지 않고, 수업을 받아 수료증을 받았고, 그것에 만족하지 않고 서울 〈한국경제신문〉에서 주최하는 디벨로퍼 자격증을 취득하기 위해 3개월 동안 토요일과 일요일에 양산에서 부산 KTX를 타고 서울역에 가서 택시를 타고 한국경제 신문에 가서 수업을 받고 다시 양산으로 내려오기를 반복하며 시간과 돈을 투자해 디벨로퍼 자격증을 취득했다.

그것에 안주하지 않고 상가 분양 업무가 끝나면 1년 동안 비가 와도 단하루도 빠지지 않고 365일을 부산 화명동 골프연습장에 가서 골프 연습을 했다. 그런 노력들이 당장은 어떤 성과로 나타나지 않을 수 있다. 하지만 3년 전, 5년 전, 10년 전, 20년 전에 던져놓았던 노력들이 운과 귀인을 만나 엄청난 파장을 일으켜 돈으로 환산되는 시기가 있을 것이다. 나는 30살에 메이크업 자격증을 취득했다. 그것을 1년 전에 유튜브에 올려놓았다. 메이크업 영상 조회자가 200명이고, 구독자가 200명이 되었다. 별것 아니라고 생각하는 것이 언젠가는 나를 우뚝 서게 하는 발판이 된다는 것을 우리는 알아야 한다. 당장 눈에 보이지 않는 노력과 투자가 내

80년 인생을 살아가는데 밑거름이 된다는 것을 잊지 말아야 한다.

1년 동안 부산 화명동 골프 연습장의 노력이 컨트리 캐디로서 5억을 벌 수 있는 발판이 되었다. 나는 1년 동안 연습한 골프 실력을 가지고 컨트리에 이력서를 들고 찾아 갔다. 딸을 대학교를 보내고, 미국 유학을 보내기 위해서는 상가 분양 연 3,000만 원으로는 보낼 수 없다는 생각이 들었다. 그래서 과감히 상가 분양 일을 접고 컨트리 경기과에 찾아가 일을 하고 싶다고, 면접을 보러 왔다고 말씀드렸다. 경기과 과장님께서 "43세를 15년 동안 써본 적이 없다."라고 말씀하셨다. 하지만 나는 당당하게 말씀 드렸다. "경남은행에 15년을 근무했고, 비서실, 검사부, 심사부에 근무하였습니다! 한번 기회를 주시면 실망시키는 일은 없을 겁니다!" 과장님은 5번 정도를 "나이가 많아서, 나이가 많아서…."라고 혼자 중얼거리셨다. 옆에서 가만히 듣고만 계시던 S마스터님이 나를 컨트리 캐디로 만들어주신 거나 다름없다. S마스터님이 아니라고 말씀하셨다면 나는 컨트리 캐디를 포기했을 것이다.

컨트리 캐디로 12년을 일해서 5억을 벌 수 있게 해주신 은인은 S마스터님이시다. 내가 1인 창업으로 성공하는 날 꼭 S마스터님의 은혜를 갚을 것이다. 나의 친구이자 동갑인 S마스터님이 보고 싶은 날이다. 나는 컨트리 캐디 교육을 2개월을 받고 43세에 컨트리에 캐디가 되었다. 단

돈 만 원이 없어 기숙사에 들어와 마트에 갈 때 K에게 3만 원을 빌려 장을 보았다. 그 뒤 한 달 뒤에 3만 원을 갚을 수 있었다. 일할 수 있는 번호를 받은 날부터 나는 8년 동안 2시간 이상 잠을 자지 않았다. 1년에 딱 5일 엄마 제사 7월 7일에 가족들 모임에 맞춰 휴가를 냈다. 비가 와서 내 팀이 캔슬이 나면 2~3번 동생들의 일을 받아 일을 나갔다. 비 오는 날도 쉬지 않고 일했다. 눈이 와도 18홀을 다 돌았다. 고객들에게 색깔 볼을 20개씩 나눠주며 눈에 파묻혀 볼이 보이지 않는 상황에서도, 카트가 눈에 미끄러져 지그재그로 내 의사와 상관없이 미끄러져도 딸을 대학 공부를 시키고 미국 유학을 보내야 했기에 쉴 수도, 아파서도, 아플 수도 없는 세월을 10년을 보냈다.

허리 디스크 4개가 내려앉고 협착증이 심해 뼈 주사를 2개월마다 맞아야 통증을 이겨낼 수 있고, 오른쪽 허벅지 뒤를 송곳으로 내려꽂는 아픔을 견뎌내야만 했다. 새벽 2시에 회사 옆 가로등 밑에서 잠시 눈을 감았다가 새벽 4시에 출근을 했다. 발을 뻗고 8년 동안 잠을 자본 적이 없다. 일을 마치고 나면 세수를 하고 다시 화장을 하고 잠시 앉았다가 새벽 4시에 출근을 했다. 그렇게 쉴 수도, 아플 수도 아파서도 안 되는 세월을 10년을 보내고, 나는 딸을 대학 공부를 시키고 미국 유학을 보낼 수 있었다. 열손가락은 퇴행성관절염이 심해 파라핀 치료를 해야만 한다. 회사 동생이 내게 물었다. "언니는 왜 휴가를 안 써요?" 나는 그냥 웃어 넘겼다. 나는 돈을 벌어야 하는 사람이었기에 휴가를 쓰는 것은, 양산 집에 가는 것은 나에게는 사치였다. 그렇게 캐디 생활 12년이라는 세월이 지났다.

딸이 대학 공부를 다 마치고 마음의 여유가 조금 생겼을 때 어느 날 영화배우 K 씨가 교통사고로 사망했다. TV 뉴스에는 많은 사람들의 사고 보도가 나온다. 하지만 나는 K 씨의 죽음으로 인생을 다르게 사는 계기가 되었다. 그날 딸에게 전화를 했다. "사람은 언제 죽을지 몰라. 엄마랑 여행을 떠나자!" 딸도 취업 준비를 하고 있던 때라 시간의 여유가 있었다. 회사에 한 달을 휴가를 냈다. 비행기 표를 끊어 베트남, 태국, 제주도를 딸과 함께 여행하고 왔다. 26살에 결혼할 때 신혼여행으로 가본 제주도를 딸과 25년 만에 가본 것이다. 얼마나 가슴이 벅찼는지 모른다. 남편과 신혼여행 때 와본 제주도를 25년 만에 오니 너무 뜻깊은 여행이 되었다. 제주 바다도 구경하고 해산물도 먹고, 아름다운 제주도를 사진 속에 담아 왔다. 베트남에 가서 수영도 하고 마사지도 받고, 태국에 가서 배를 타고 사원의 웅장함도 보고, 25년 만에 딸과 여행을 하며 행복이 무엇인지 알게 되었다. 돈이 많다고 행복한 것이 아니다. 사랑하는 딸과 여행하며 행복한 시간을 같이 하는 것이 진정한 행복이 아닌가 하는 생각이 든다. 행복은 멀리 있지 않다. 내 마음속, 내 옆에, 내 가족 안에 있는 것이다.

딸도 서울에서 호텔리어로 2년 동안 직장 생활을 하고 있다. 알뜰하게 돈을 모아 결혼도 하고 집도 살 꿈을 가지고 있다. 8년 동안 만난 남자친구와 행복한 미래를 설계하니 너무 대견하고 고맙다. 나의 잘못으로 딸은 가난과 싸워야 하는 초등학교, 중학교, 고등학교를 보냈다. 딸의 자존감을 무너뜨리며 무늬만 엄마로 살아왔다. 이제 내 딸이 올해 29살이 되었다. 자신을 지키고, 자신의 미래를 설계하고, 자신의 행복을 위해 아등바등 살아가려고 하는 모습이 보기 좋다. 지금껏 살아오면서 딸이 나에게 자신을 힘들게 했다고 하소연 한번 한 적이 없다. 그만큼 속으로 삭히며 28년을 살아준 고마운 딸이다. 작가로, 1인 창업가로 성공하는 날 딸에게 28년의 세월의 고통을 보상해주고 싶다.

나는 딸의 대학 공부를 마치고 마음의 여유가 생겨 내가 하고 싶은 일을 하기 위해 강사 자격증 4개를 취득했다. 회사에 한 달을 휴가를 내서 부산 해운대에 있는 학원에서 성희롱 예방 교육 강사, 법정 의무 교육 강사, 컬러 진단, C · S 강사 자격증을 취득했다. K강사님처럼 훌륭한 강사가 되기 위해 K강사님 유튜브를 2년 동안 잠 잘 때와 일할 때 말고는 이어폰을 끼고 들었다. 8개월 동안 매주 월요일, 화요일 휴가를 내서 부산 서면에 있는 정보영 스피치 학원에 다녔다. 양산에서 부산 가는 지하철 안에서도 강연을 했다. 가끔 엄마들이 내 얘기를 듣고 눈물을 흘리셨고, 50대 중년 남자분은 물개 박수를 보내주셨다. 스피치 수업이 끝나면 박코치 영어 학원에 4개월을 다녔다. 나의 버킷리스트 세계 일주를 위해 영어 공부를 했다. 1년 뒤 캐나다 여행을 10일 동안 혼자 다녀왔다. 유튜브에 캐나다 여행을 올려놓았다. 저녁 9시에 수업이 끝나면 부산 시민공원에 가서 강연을 했다. 비가 오면 시민공원 옆 지하도에서 지나가는 사람들에게 강연을 했다. 오후 11시에 지하철을 타고 양산 집에 돌아오면 새벽 1시가 훌쩍 넘어 있었다.

컨트리는 4월부터 10월까지 3부제를 한다. 새벽 5시부터 티업을 시작해서 저녁 7시까지 라운딩 시간을 잡을 수 있다. 나는 1부 일을 하고 오후 2시에 마치면 도서관에 가서 책을 읽거나 강연 자료를 준비하고, 유튜브를 찍거나, 20곳이 넘는 노인정에 과일과 음료수를 들고 찾아가 강연을 하고, 논에 나가 일하시고 계시는 엄마, 아버지께 강연를 했다. 길에서 잔디를 심고 있는 엄마, 아버지께도, 버스회사에 찾아가 강연을 하고, 택시회사 휴게실에 가서 강연을 했다. 그리고 오후 5시에 다시 회사로 출근해 7시 일을 나가 새벽 1시에 일을 마치고 잠시 쉬었다가 출근하기를 반복했다.

훌륭한 강사가 되기 위해 꿈을 키워 나갔다. 3부제가 없는 날에는 오후 10시에 마치면 어두운 강연장에 혼자 K강사님의 돈에 관한 유튜브를 틀어놓고 강연 연습을 했다. 나를 강사의 꿈을 꾸게 해준 K강사님께 감사의 인사를 올린다. K강사님의 강연이 부산 농심 호텔에서 있었다. 맛있게 떡을 하는 방앗간에 가서 떡 3박스를 주문했다. 상하지 않게 당일 아침 7시에 받아다 갖다드렸다. K강사님은 "양산에서 온 문수빈 씨 나오세요!"라고 하셨다. 그래서 악수도 하고 포옹도 하였다. "이제 아이도 다 키웠으니 자신이 하고 싶은 일을 하세요!"라고 말씀해주셨다. 나는 그날 이후 1주일 동안 K강사님과 악수한 손을 씻지 않았다. 그해 벡스코에서 K강사님의 강연이 있었다. 2시간 전에 1번으로 줄을 섰다. 장미 100송이로 만든 꽃다발과 난을 준비했다. 나의 우상이자 강사의 꿈을 심어준 사람이기 때문이다. 사람은 귀인과의 만남으로 인해 인생이 송두리째 바뀐다. 책과 귀인과의 만남을 통해서 나의 인생도 바뀌었다.

나는 〈한책협〉 유튜브 구세주 김도사님과 유튜브 〈권마담TV〉 권마담 대표님으로 인해 작가이자 1인 창업가가 되어 마지막에 웃는 사람이 되었다.

7

행운이 가득한 당신을 사랑합니다

자극이 있어야만 의식과 생각의 변화가 일어나게 된다. 나에게 자극이 되는
사람들과 어울려야 더 나아지려는 욕망을 가지게 되고 성장하게 된다.

– 《기적수업》 구세주 김도사 –

어제 마산에 큰 회사를 경영하시는 사장님과 1년 만에 라운딩을 나갔
다. 연세가 70세 정도 되신다. 오랜만에 나가 많이 반가웠다. 사장님은
꼼꼼한 성격이셨다. 하지만 1년 만에 뵌 사장님은 성격이 많이 부드러워
지셨고, 근력이 약해져 드라이버를 치는 데 힘이 많이 들어가셨다. 친구
4분이서 칠 때에는 서로 경쟁하며 라운딩을 하셨기 때문에 별로 연세가
들어도 기운이 없다는 생각이 들지 않았다. 하지만 1년이 지난 뒤에 보니
마음이 짠했다. 사장님도 나이가 드셨다는 생각에 마음이 무거웠다. 디
스크로 허리가 많이 아프시다고 하셨다. 내가 알고 있는 병원을 소개해
드렸다. 그곳에서 오랫동안 디스크로 고생하신 고객님들을 허리 디스크

통증에서 벗어나게 해드렸다. 100억 재산을 가지고 있어도 70세, 80세가 되면 아무 소용이 없다. 한 살이라도 젊을 때 힘 있을 때 세계 일주도 하고, 맛있는 것도 먹고, 좋은 곳도 구경하고 해야 한다. 마산 사장님을 보면서 건강하게 인생을 여유롭게 좋은 곳 구경하면서 사시다가 행복한 여생을 보내시면 좋겠다는 생각을 했다. 100세까지 라운딩하면서 친구 분들과 행복하고 건강한 삶을 사시기를 바라는 마음이 간절했다.

지난 토요일에 새벽 1시까지 구세주 김도사님의 생방송 유튜브를 시청했다. 김도사님께서 어려웠던 시절 피자집에서 아르바이트를 하며 겪었던 이야기들, 차비가 없어 친구에게 만 원을 빌린 이야기, 돈에 한이 맺혀 술을 먹으며 절규하던 이야기들을 들려주셨다. 그 이야기를 들으면서 나도 단돈 만 원이 없어 여동생에게 지하철비 만 원을 보내달라고 하던 지난날이 생각 나 눈물이 핑 돌았다. 나는 주식투자에 실패해 20년을 가난 속에서 허덕이며 살아야 했다. 쌀이 없어 딸과 3일 동안 물로 배를 채우기도 하고, 라면 한 봉지로 6개월 동안 하루 한 끼만 먹으며 힘든 시간을 견뎌내야 했다. 7남매가 있었지만 자존심 때문에 도움을 청하지 않았다. 계속 전기, 수도가 끊겼다. 중학생인 딸이 컴컴한 어둠 속에서 어떻게 숙제를 하고, 밥은 어떻게 먹고, 학교를 어떻게 갔는지 챙겨주지 못했다. 밥을 계속 굶어 여동생에게 사정 얘기를 했다. 며칠 뒤 동생이 전기장판과 쌀을 사가지고 와서 3일 만에 밥을 먹을 수 있었다. 결혼 예물과 카메라, 노트북을 헐값에 내다 팔았다. 50만 원에 산 카메라를 3만 원에 팔고, 180만 원을 주고 산 한 번 쓴 노트북을 23만 원에 중고 상에 팔았다. 결혼 예물도 제값을 쳐주지 않았다. 아침 7시에 출근해서 밤 12시가 다 되어 퇴근을 했기에 딸의 초등학교, 중학교, 고등학교 시절을 챙겨주지 못했다. 그래서 나는 항상 죄인이다. 그래도 딸이 아무런 사고 없이 예쁘고 밝게 커주어 너무 감사하다. "딸아! 고맙다 건강하고 예쁘게 커줘서 고맙다! 엄마가 사랑한다!"

행복해지는 것도 습관이다. 열정적인 사람은 불행도 그냥 넘겨버린다. 나 자신에 대한 믿음만 변하지 않는다면 얼마든지 어려운 현실을 행복으로 만들 수 있다. 내면 속에 5가지 달란트를 찾아 새롭게 현실 속에서 실천해보자! 미래의 나의 모습을 생생하게 그리며 꿈을 현실로 만들어나가자! 한 가지 일을 반복하기보다는 다양한 직업을 가져 나를 테스트하는 시간을 만들어야 한다. 그 도전 속에 새로운 나를 발견할 수 있는 것이다. 살면서 즐거운 날도 있었고, 행복한 순간들도 많았다. 힘들 때는 그때 그 행복했던 순간의 감정들을 떠올리면서 현실을 이겨낼 수 있는 힘을 키울 수 있는 것이다. 10년 뒤에 성공한 내 모습들을 상상해보라! 가슴 뛰게 하는 그것이 상상이 아니라 노력하면 실현 가능한 나의 미래다.

세상은 빠르게 변화하고 있어 과거의 방법만을 고수해서는 안 된다.

직장 생활만이 답이 아니라는 것이다. 내가 살아온 인생의 실패한 경험, 성공한 작은 경험 등 내 인생의 원리와 비법을 1인 창업으로 성공하는 시대가 되었다. 유튜버로 돈을 버는 시대가 되었다.

좋아하는 일을 해야 열정을 불태울 수 있다. 정주영 회장님께서는 "실패를 두려워하지 마라! 실패는 있어도 포기는 없다."라고 항상 강조하셨다. 실패는 성공으로 가는 관문임을 알아야 한다. 실패는 성공의 지름길이다. 최선을 다해 전진한다면 반드시 성공할 수 있다!

성공한 자에게 성공의 비법과 원리를 배워 우리도 성공자가 될 수 있다. 그러기 위해서는 자신감이 무엇보다 중요하다. 자신감을 키우기 위해 우리는 무엇을 해야 할까? 그것은 나 자신에 대한 확고한 믿음이다. 작은 목표를 하나하나 이루어가다 보면 큰 성공을 이루는 때가 온다. 결과를 만들어내는 버퍼링 시간이 필요한 것이다. 그 시간을 견뎌낼 수 있는 인내만 있으면 우리는 누구나 성공자가 될 수 있다.

나는 김도사님을 만나 운명을 바꾸었다 해도 과언이 아니다. 그만큼한 사람과의 만남으로 인해 운명이 바뀌기도 한다. 구세주 김도사님을 만나 나의 이미지가 달라지고, 가장 자신이 빛나던 그때로 돌아가게 된다. 나 자신이 변해가는 모습을 보면서 감사한 마음을 솔직하게 표현하게 되었다. 반드시 성공할 수밖에 없고, 부자가 되는 방법을 구세주 김도사님의 유튜브를 통해 아무런 조건 없이 영상에 담아 다 알려주시고 있다. "성공하고 싶다면 성공해서 책을 쓰는 것이 아니라 책을 써서 성공한다."라는 사실을 우리는 알아야 한다. 성공하고 싶다면 분당 〈한책협〉 김도사님을 만나 책을 쓰고, 1인 창업가로 거듭나야 한다. 240권의 책을 출판하시고 1,000여 명의 작가를 배출하여 120억 자산을 이루신 김도사님을 만나 100억 부자로 가는 비법을 배워야 한다. 그래서 내 인생을 바꿔야 한다. 김도사님의 비법을 내 것으로 흡수해야 한다. 그래서 연봉 10억을 벌 수 있는 유튜버로, 1인 창업가로 우뚝 설 수 있어야 한다. 금은보화의 보물 창고의 열쇠를 찾아야 한다.

나에게 행운을 가져다주신 유튜버 구세주 김도사님과 유튜버 〈권마담 TV〉 권마담 대표님, 사랑하고 존경합니다. 유튜버 구세주 김도사님은 나의 운명이다! 나의 삶을 바꿔주신 귀한 인연이어서 더욱 사랑하고 존경한다. 보잘것없는 나를 작가로, 1인 창업가로 만들어주셨다.

55세의 내가 54년 지나온 인생을 다 버리고 새로운 인생으로, 다시 사는 것이 가능한 일인가 하는 생각이 든다. 가능하지 않을 것이다. 그것은 〈한책협〉 구세주 김도사님만이 이루어낼 수 있는 기적이다! 2020년 1월 19일 책 쓰기 1일 특강을 듣고, 그날 바로 책 쓰기 6주 과정을 신청해서 수업을 마치고, 한 달 만에 원고 초고를 완성하고, 출판사와 출판 계약을 할 수 있었다.

김도사님 만큼 100억 부자의 성공의 원리와 비법을 아무런 조건 없이, 아무런 대가 없이 모든 것을 알려주시는 사람이 있을까? 우리는 정말 행운아다! 우리가 행운아라는 것을 인지하지 못할 뿐이다. 나는 아침에 눈을 뜨면 유튜버 구세주 김도사님의 영상을 보면서 하루를 시작한다. 나의 인생 2막을 열어주시며, 나를 작가로 1인 창업가로 80세까지 사명감을 가지고 살아갈 수 있게 해주신 분이다.

나는 네이버 카페 '한국캐디양성사관학교'를 오픈했다. 1인 창업가로 구세주 김도사님의 정신을 이어받아 10대, 20대, 30대, 40대 젊은이들이 10년 동안 열심히 일을 하면 5억을 벌 수 있는 비법을 가르치고 있다. 그래서 자신의 꿈과 야망을 펼칠 수 있도록 함께 동반자로 동행하고 있다. 단 한 번뿐인 인생을 어떻게 살아야 할 것인가를 깨닫게 해주는 강연가, 1인 창업가, 메신저, 동기부여가, 라이프 코칭가로 80세까지 달려가고 있다. 나의 버킷리스트 중 세계 일주를 유튜버 〈권마담TV〉인 크루즈 멤버십으로 세계 일주를 꿈꾸는 젊은이들과 함께 하고 싶다. 저렴한 가격으로 크루즈로 세계 일주를 즐길 수 있으니 얼마나 행복한 일인가? 나도 딸과 8남매 가족과 크루즈로 세계 일주를 하며 즐거운 인생을 나누며 살아갈 것이다. 나에게 빛나는 인생을 열어주신 〈한책협〉 구세주 김도사님, 〈권마담TV〉 권마담 대표님, 포민정 코치님, 정소장님, 김이슬 코치님, 김서진 코치님, 안명숙 코치님, 그래 코치님께 머리 숙여 감사드린다. 인생을 바꿔주신 김도사님, 사랑하고 존경합니다! 행운이 가득한 당신을 사랑합니다.

진짜 인생 공부

나는 초등학교, 중학교 시절 나라는 존재가 있는지 없는지 모를 만큼 아무런 존재감이 없는 사람이었다. 그래서 하고 싶은 것이 무엇인지도 모르고 살았다. 어려웠던 가정 형편 때문에 아무런 욕심 없이 그저 순박한 학생으로 초등학교, 중학교, 고등학교 내내 개근상을 받는 성실한 학생이었다. 고등학교 입학시험을 앞두고 중학교 3학년 때, 나는 국사 시험을 반에서 혼자 만점을 받았다. 그것을 계기로 내 머리가 트이고 반에서 18등을 넘지 못하던 내가 고등학교 입학시험에 전교 74등을 하여 고등학교 1학년 때 '서기'라는 직책을 평생 처음 맡게 되었다.

그것이 내 인생을 바꾸는 계기가 되었다. 남들에게 드러나지 않던 내가, 영어 시간과 수학 시간이 돌아오면 앞 친구의 머리와 몸통에 내 몸을 숨기기에 바빴던 내가 나 자신을 밖으로 드러내고 남에게 보여주는 나로 서서히 변해갔다. 고등학교 정중규 선생님으로 인해 나는 자존감을 스스로 가지게 되었다. 수업시간마다 정중규 담임 선생님은 내 이름을 예시로 들며 수업을 설명해주셨다. 내 이름을 부를 때마다 나의 어깨는 으쓱해지고 어깨가 저절로 올라가는 것을 느꼈다. 초등학교, 중학교 담임 선생님들께 칭찬 한 번 받지 못하고 자라왔기에, 기를 살려주시는 고등학교 담임 선생님의 질문에 손을 번쩍 드는 일이 많아졌다.

그리고 학업 성적도 자신감이 생겨 열심히 했다. 박정규 선생님의 수업시간이 돌아오면 거울 앞에 20명이 넘는 여고생들이 머리를 다시 빗고, 옷을 단정하게 입고 수업시간에 임했다. 그 속에 나도 끼어 있었다.

박정규 선생님과 허영 선생님이 예쁘게 봐주셔서 선생님 댁에 밥을 먹으러 친구들이랑 놀러간 적도 있다. 그만큼 고등학교 시절에 엄청난 변화가 일어났다. 자존감의 회복으로 5명의 인생 친구 지은영, 신순정, 노연화, 김영미, 김미영을 만나 우정을 키우고, 서로 경쟁하며 공부하여 가난한 집안의 딸이 경남은행에 입사하는 기적을 이루어냈다.

마산여상 야간고등학교를 다니면서 나는 진해조선소 급사 생활을 3년 동안 하였다. 배를 만드는 회사여서 도면을 복사하는 일이 많고, 선주님들이 자주 찾아오셔서 차를 내는 일이 많았다. 그 이후 내가 고객님들에게 마음을 다해 친절할 수 있었던 이유는 진해조선소 급사 시절의 모든 것이 몸에 배어 있기 때문이다. 진짜 인생 공부는 진해조선소 급사 생활 때 모든 것을 다 배웠다고 해도 과언이 아니다.

진해조선소 3년, 경남은행 15년, 쌍용자동차 영업 3년, 상가 분양 영업 3년, 컨트리 12년, 36년간의 직장 생활을 마감하며 나 자신을 돌아볼 때, 고등학교 시절 3년은 추위와 피곤함도 잊은 채 짝사랑했던 B라는 초등학교 동창이 있어 이겨낼 수 있었다. 3년 동안 가슴앓이를 하며 항상 그를 그리워했다. 그의 아파트가 보이는 공원 벤치에 앉아 아침 8시부터 밤 11시가 넘어서까지 나는 그 자리를 뜨지 않았다.

그를 그리워하며 읽었던 A.J. 크로닌의 『성채』는 아직 내 책상에 놓여 있다. 그만큼 그리움이 컸다. 어느 날 한 남학생이 나에게 편지를 주고 사라졌다. 나는 마음이 흔들릴까 봐 두려워 그 편지를 읽지 않고 손을 녹이기 위해 불을 지펴놓은 화로에 그 편지를 태웠다. 그 남학생의 마음을 알아주지 못한 미안함은 있지만, 나는 은행원이 되기 위해 할 수 있는 모든 노력을 쏟고 있었기에 그 남학생의 마음을 받을 만큼 마음의 여유가 없었다.

3년 동안 나는 친구들과 열심히 공부했다. 서로 경쟁하고 응원하며 빛나는 미래를 위해 항상 같이 노력했다. 그 노력들이 모여 또 다른 도전을 하고, 작은 성공과 큰 성공들을 이룰 수 있었다. 내가 많은 것을 시도하는 정신력과 도전 정신은 고등학교 3년의 노력 속에 다 담겨져 있다.

진해조선소 급사에서 경남은행에 15년을 근무할 수 있었던 것도, 컨트리에서 12년을 근무할 수 있었던 것도 모두 서비스 정신이 몸에 배어 있기 때문이라고 당당히 말할 수 있다. 모든 업무는 고객 서비스와 연결되어 있다. 서비스가 뒷받침되지 않고서는 직장 생활을 오래 할 수 없다. 그러므로 진짜 인생 공부를 진해조선소에서 다 배운 것이다. 나는 진해조선소를 다니면서 물청소를 많이 했다. 공부시켜주시는 은혜에 보답하고자 청소만큼은 열심히 했다. 경남은행에 합격 통지를 받은 날, 나는 환호성을 지르고 싶었지만 은혜도 모르고 회사를 그만두어야 한다는 마음에 기쁜 마음을 내색하지 않았다. 지금은 돌아가셨지만 최창무 사장님께 감사의 마음을 전한다.

나는 8년 동안의 결혼 생활을 마감하고, 남편의 이혼 요구로 합의 이혼했다. 이혼의 사유는 살고 싶은 사람을 만났다는 것이다. 내가 싫어서가 아니라 살고 싶은 사람이 생겼다며 이혼을 해달라고 했다. 나는 남편을 3번 만나고 결혼했다. 그리고 이혼도 아주 쉽게 도장을 찍어주었다. 이혼하는 날 우리는 딸과 함께 횟집에 가서 회를 먹고, 노래방에 가서 노래를 부르고 헤어졌다. 그날 나는 남편의 학교에 장미 100송이로 만든 꽃바구니를 선물했다. 나와 8년을 살아준 남편에 대한 감사함의 표시였다. 그리고 우리는 22년 동안 단 한 번도 만난 적이 없다. 딸에게도 남편은 단 한 번도 전화한 적이 없다. 4살까지 키워주신 시부모님도 단 한 번도 딸을 찾지 않으셨다. 많이 보고 싶었을 텐데, 딸이 예쁘게 자란 모습을 보지 못하시고 시부모님은 일찍 돌아가셨다.

어느 날 꿈을 꾸었다. 까만 리무진이 고속도로를 달리고 있었다. 그리고 해골 2개가 땅으로 떨어지는 꿈을 꾸었다. 그 꿈이 시부모님이 돌아가신 꿈이었다. 그 후 지인으로부터 시부모님이 돌아가셨다는 소식을 들었다. 그들은 잘 살아가고 있다. 행복한지, 행복하지 않은지는 그들만이 알 수 있다. 하지만 그들은 사랑의 승리자들이다. 가끔 나는 내가 죽을 때 남편이 눈물 한 방울 흘릴까 하는 생각이 들 때가 있다.

나는 나의 행복을 절대 남편에게 맡기지 않았다. 나의 행복과 인생을 내 힘으로 살아냈다. 주식 투자 실패로 20년의 세월을 피눈물을 흘리며 살아왔다. 꿈을 이루기 위해 누구나 열심히 노력을 한다. 하지만 항상 결과는 내 생각대로 되지 않는다. 실패 뒤에 이어지는 시련과 고통은 어김없이 나를 힘들게 한다. 자존감은 땅바닥에 떨어지고, 목소리는 기어들어가 자신감마저 사라진다. 많은 사람들이 꿈을 꾸고 행복을 갈망하지만, 그것을 이루는 사람은 극소수에 불과하다.

명확한 꿈과 자신이 바라는 행복에 대해 확실한 계획이 없기 때문이다. 자신의 미래를 위해 도전하지 않기 때문이다. 꿈만 꾸고 노력을 하지 않기에 단지 꿈으로 남는 것이다. 꿈을 이루려면 작은 실행이라도 해야 한다. 그래서 1만t의 생각보다 1g의 실행이 중요한 것이다.

꿈을 향해 도전하다 보면 은인도 만나고 기회도 얻게 된다. 이혼과 함께 너무 큰 시련의 고통들이 한꺼번에 밀려와 삶의 끈을 놓고 싶었지만, 벼랑 끝에 서서 나를 돌아보게 되었다. 이대로 주저앉을 수는 없었다. 지옥 같은 가난의 시련을 딛고 다시 일어나기로 결심했다. 그동안 내가 만든 틀에 갇혀 더 넓은 세상을 바라보지 못했다. 성공을 향해 달렸지만 항상 벼랑 끝이었다. 절망 속에서 삶의 끈을 놓고 싶었지만 딸이 있기에 다시 일어나야만 했다.

나는 교통사고로 인해 몸을 치료하던 중 유튜브를 통해 〈한책협〉의 김도사님을 만나게 되었다. 1일 책 쓰기 특강을 듣고 6주 책 쓰기 과정을 등록하여 책을 써서 이렇게 미다스북스와 출판 계약을 하여 작가가 되고 1인 창업가가 되었다. 김도사님을 통해 의식 확장을 했고, 글쓰기를 통해 작가가 되고, 1인 창업가가 되어 나 자신을 한 단계 끌어올렸다. 나는 지금도 나의 미래의 꿈과 행복을 위해 도전하고 있다. 진짜 나의 인생 공부를 김도사님을 만나 시작하게 되었다. 36년간의 직장 생활과 54년 살아온 인생 경험과 원리와 비법을 젊은이들에게 가르쳐주고 책을 통해 동기부여를 해주는 멘토, 메신저가 되어 살아가고 있다.

나는 3번의 교통사고를 당했지만 아직 이 세상에 해야 할 일이 있기에 이렇게 나의 천직을 위해 뛰고 있다. 나의 사명은 누구든 나처럼 20년의 세월을 낭비하지 않는 인생을 살게 하는 메신저로 살아가는 것이다. 그리고 나의 책이 젊은이들에게 꿈과 희망을 심어주는 계기가 되기를 두 손 모아 염원한다.

과거에 고통받던 가난의 틀을 깨고 관점을 바꾸어 새로운 인생을 살아가고 있다. 젊은이들이 자신의 한계를 잊고 도전하는 삶을 살기를 바라며, 진짜 인생 공부를 통해 눈부신 미래를 맞이하길 바란다.

2020년 8월
문 수 빈 올림